黑龙江省教育科学“十四五”规划 2022 年度重点课题（GJB1422346）
师范类专业认证理念下师范生教育教学能力培养体系的研究与实践

新时代师范类专业学生教学能力与专业素养提升研究

李唐海◎著

中国原子能出版社

图书在版编目（CIP）数据

新时代师范类专业学生教学能力与专业素养提升研究 / 李唐海著. -- 北京 : 中国原子能出版社, 2023.1

ISBN 978-7-5221-2050-8

Ⅰ. ①新… Ⅱ. ①李… Ⅲ. ①教学能力—师资培养—研究 Ⅳ. ①G451.1

中国版本图书馆 CIP 数据核字（2022）第 142265 号

新时代师范类专业学生教学能力与专业素养提升研究

出版发行 中国原子能出版社（北京市海淀区阜成路 43 号 100048）

责任编辑 王 蕾

责任印制 赵 明

印 刷 北京天恒嘉业印刷有限公司

经 销 全国新华书店

开 本 787 mm×1092 mm 1/16

印 张 10.5

字 数 177 千字

版 次 2023 年 1 月第 1 版 2023 年 1 月第 1 次印刷

书 号 ISBN 978-7-5221-2050-8 **定 价** 72.00 元

作者简介

李唐海　硕士，大庆师范学院，教授，黑龙江省特级教师，主要承担《中学数学教材教法》《数学微格教学》《中学数学教学案例分析》等的本科教学工作；并承担了《数学教育研究导论》和《数学课程与教学论》等硕士研究生课程的教学工作。其中 2018 年主讲的课程《新课程理念下的数学教师教学技能》被黑龙江省教育厅认定为黑龙江省精品在线开放课程，2019 年《数学微格教学》被黑龙江省教育厅认定为黑龙江省线上线下混合一流课程，2019 年《数学微格教学》被黑龙江省高校优质课程联盟认定为黑龙江省线上线下精品课程，2020 年《新课程理念下的数学教师教学技能》被黑龙江省教育厅认定为“高等学校疫情防控延期返校期间在线教学典型案例”。

共发表论文三十余篇。主编《当代数学教学论》并独撰《数学课堂教学技能训练》一书。共承担黑龙江省教改项目 2 项，黑龙江省教育科学规划课题 2 项，校教改项目 4 项，获得省级教学成果奖 3 项，校级教学成果奖 4 项。指导的学生多次在全国教学比赛中获奖，送教下乡为中小学校教师开展培训，受聘为“国培计划”——黑龙江省中小学青年教师助力培训项目主讲教师。

前　言

21 世纪的特征是世界多极化、经济全球化、文化多样化、社会信息化，各国都将“人才”作为发展的重中之重。想要发展高水平、高素养人才，我们就要对教师予以更多关注，而想要提升教师的核心素养，我们又要着眼于源头——师范生。只有将师范生培养好，才能造就最优秀的教师，培养出更多优秀人才，因此，对于师范教育来说，就是要实现师范生教学能力及专业素养的提升。

为了实现高质量教育目标，促进教育公平，我国发布了《中国教育现代化2035》，对我国教育现代化做出了中长期战略规划。师范教育是国家实现高质量教育目标的基础，受到社会极其广泛的关注与重视，上到国家的政策制定，下到大众的职业选择，师范教育都倾注了人们太多的期待与寄托。我国的师范教育已有百年历史，步入新时代，师范教育事业发展既面临极佳机遇，又面临严峻挑战。如何把师范生培养好？如何造就更多更优秀的师范专业人才？师范生的培养方式如何与时俱进，如何进一步提升师范生的教学能力与专业素养？这些既是社会关切的问题，也是本书深入探讨的主要内容。

本书为新时代师范类专业学生教学能力与专业素养提升研究专著。第一章为教师职业与师范生能力素养，主要包括三部分内容，分别为教师职业概述、师范生能力素养概述、师范生能力素养提升教育的内涵及实践取向；第二章为师范生的职业道德及养成路径，重点从两方面进行阐述，其一为师范生职业道德概述，其二为师范生职业道德养成路径；第三章为师范生的教学能力及养成路径，包括师范生的教学技能、师范生的教学管理能力、师范生的教学科研创新能力以及师范生教学能力养成路径四部分内容；第四章为师范生的专业素养及养成路径，重点分析了四部分内容，包括师范生的专业知识素养、师范生的专业育人素养、师范生的专业发展素养、师范生专业素养养成路径；第五章为师范生教学能力及专业素养提升体系构建，分别阐述了构建师范生教学能力及专业素养培育课程教学体系、构建师范生教学能力及专业素养培育实践教学体系、构建师范生教学能力及专业素养培育质量评价体系。

在撰写本书的过程中，作者得到了许多专家学者的帮助与指导，参考了大量的学术文献，在此表示真挚的感谢。本书内容丰富新颖、系统全面，论述深入浅出、条理清晰，但由于作者水平有限，书中难免会有疏漏之处，希望广大同行及时指正。

作者

2022 年 4 月

目 录

第一章　教师职业与师范生能力素养

在研究新时代师范类专业学生教学能力与专业素养提升问题之前，我们首先要对教师职业与师范生能力素养具有较为深入的认知。本章包括三部分内容，分别为教师职业概述、师范生能力素养概述以及师范生能力素养提升教育的内涵及实践取向。

第一节　教师职业概述

一、新时代教师职业认知

简单理解，所谓的对教师职业的认知就是我们一般情况下对教师职业的概念性了解。但也不能直接简单粗暴地把职业认识等同于职业认知，认识的定义是，人类大脑面对一个客观事物时对其产生的一种能动反映，是表现意识的形式之一，是一个纯粹的探究过程，这个过程在不断发展中接近真理。教师职业的认知，一方面是要重视职业认识过程，另一方面是要注重教师自己对这个职业与个体关系的评价。部分研究者的观点是，教育活动中教师对自身的满足程度是一个重要指标，教师职业的认识应该从这里出发，这是一种对教育活动的主观评价。这个定义里，教师对职业不再是简单的认识，而是已经达到认知的范围，这个认知范围看重教师职业满足教师自身需要的程度，也就是对职业“与我的关系”的评价。因此这个认知适合用来界定成熟教师的职业认知。

展开来说，教师职业认知就是个体生活、学习、工作和交往过程中对教师这一职业产生的基本认识和评价，对职业产生认知这一过程和活动是个体在主动或被动状态下都有可能发生的。这个职业评价需要与主体密切相关。教师或者准备跨入教育行业门槛的准教师必备的一个基本认知就是教师职业认知，职业信念是基于职业认知形成的。没有正确的教师职业认知这一重要因素就树立不了教师职业信念，只有拥有正确的教师职业认知才能起步教师职业活动，没有正确职业认知的人也不会拥有坚定的职业信念。

正确的教师职业认知对于师范生来说是教师生涯中非常重要的部分，如果日后这些师范生要走上讲台成为教师，开展教育工作，就需要有正确的教师职业认知作为基础，这是学生认识社会最基本的一个渠道。一个准教师在上岗前如果还没有全面、系统、正确地对教师职业进行认识和评价，就要提前在心理、知识储备和职业预期等方面做好准备去适应新工作，他们会用尽全力去全面细致地了解自己这个职业。

对贸然进入全新的陌生领域的人来说，在心理上有不安全感，感觉自己毫无依靠、茫然不知所措，这都是正常的，这时候人身上会出现一种普通人中普遍存在的寻求安全的心理趋同现象。为此，培养准教师的部门（常见的是师范院校）要加强学生的教师职业生涯教育，把他们的职业意识树立起来，从教师职业的性质、现状、特点、社会地位和职业规范等各个方面向师范生们介绍我国的教师职业，让学生在学习阶段就形成比较完整和全面的对教师职业的认知，引导他们增强从教意识，树立热爱教育事业、勇于担负时代使命的职业信念，树立正确的教师职业观；这些都是不断提升其教学能力及专业素养的基础与前提。

（一）新时代教师职业的性质及特征

1. 新时代教师职业的性质

教师这个职业拥有久远的历史，教育的产生就意味着教师职业的产生，与此同时，它也有更新的能力，会随着人类的进步而发展。教师职业也从经验化、自由化向新时代的专业化转变，目前，教师职业已经拥有了专业化的相关特征。

许多国家 20 世纪 60 年代中期开始对教师“质”的需求超过了对“量”的需求，同时特别重视教师的素质。

教师专业化从 20 世纪 80 年代起在世界范围内形成潮流。现代教师职业的基本性质已经变成：专业且具有较高的行业标准。

1994 年 1 月 1 日起施行的《中华人民共和国教师法》明确规定了“教师是

履行教育教学职责的专业人员”[①]，在教育史中，这是我国首次通过法律确认教师专业性的性质。对于教师的专业知识水平和技能，现代教育的要求要高于传统教育，它要求教师掌握教授学科的领域的发展趋势；接受长时间的专业训练，这种专业训练也包括教师所学科目的教学实习；做到爱岗敬业的同时也要爱护学生，有强烈的职业道德；能够自主地组织教学、创设学习环境；有强大的判断和评价学生和自身的能力；有组织管理和具备教师资格证书的行动能力；能够不断跟随时代的脚步更新专业知识和教学技能、终生学习上进的能力。

现在进入教师职业的人已经不再是为了谋生的教书匠，他们授课不再只是为了混口饭吃，而是有更高的追求，现在的教师指的是专门培养的拥有专业技能、从事教育教学工作的人员，他们承担着传播人类的文化科学和塑造人类灵魂的责任，是社会联通延续与发展的桥梁与纽带。

2. 新时代教师职业的特征

在不同的分类方法下，教师职业有不同的特点，《当代教育学》这本书归纳了教师职业的两个特点：

第一、职业角色的多样化。教师在实际的教学过程中扮演了许多角色，如知识的“传道者”、学生的“授业解惑者”、技能的示范者、课堂的管理者、学生的父母与朋友、教育新课题的研究者等。

第二、职业训练的专业化。教师职业的专业化训练主要包括以下五个方面：专业的教育教学意识、专业的教育教学态度、专业的教育教学知识、专业的教育教学技能、专业的教育教学品质。

教师职业在另一种分类里拥有四个特点：拥有特殊和多变的工作对象，可以引导和示范学生的成长，有超前和创造性的工作内容以及有崇高和不可替代的职业地位。

不仅如此，我们还要知道，古代的教师职业和新时代的教师职业是不同的，不同时代的教育发展水平会影响当时教师职业的特点，教育发展水平同样也受社会经济发展水平的制约。研究教师职业的特点变化时必须要考虑到其所在的社会大环境以及来自教育内部和外部的直接的和间接的影响。因此，从其职业的表现

① 中华人民共和国中央人民政府. 中华人民共和国教师法 [EB/OL].（2005-05-25）[2022-3-20]. http：//www. gov. cn/banshi/2005-05/25/content_937. htm.

上归纳教师职业特点。它既有历史遗传的特色，又要反映时代变迁的影响。

结合这两点，可以将新时代教师的职业特点归纳为以下五点。

其一，职业形象的准公共性。尽管教师和政治家、演艺人员不同，不是完全公共人物，但一直以来，在生活和工作中，也有部分学生、家长和社会对教师颇为关注，因此教师相当于是半个公众人物，要塑造和维护好自己的正面形象。

其二，职业角色的多样性。在教育教学工作中，教师的工作内容丰富多样，如：教书育人、行政管理、心理导向、帮助学生自我定向等。

其三，职业环境的相对封闭性。教师职业生涯的大部分时间都是在学校度过，其主要工作也都是在学校这个相对封闭的空间内完成的。

其四，职业绩效的模糊性。教师的工作效果往往是短时间内看不出来的，因为教师做的培养人才工作是一个周期很长的工作。中国的小学教育是6年，初中和高中各要3年，大学分专科、本科，一般需要3~5年，本科以上研究生、博士生需要3~6年。这个过程中，一般来说一个教师只是在某个阶段培养这个学生，整个过程里单个教师的工作成效是没有凸显出来的，但培养出来的每一个人才都是全体教师共同辛勤劳动的结晶。

正如中国古代思想家管仲所说："一年之计，莫如树谷；十年之计，莫如树木；终身之计，莫如树人。"①

其五，职业待遇的福利性。教师的劳动成果无法以经济指标量化，教师的劳动待遇也带有相当的福利性。所谓福利性，主要指教师的待遇相对稳定。

（二）新时代教师职业的社会地位

一个职业的社会地位指的是在社会各行业、各职业总体中这个职业所拥有的社会资源量及所处的位置，教师职业也是如此。

职业的经济收入、掌握和参与的政治权力、文化资源的分配与创造等是衡量和评判一种职业社会地位的主要指标，也就是经济待遇、社会权益和职业声望三个方面。当今社会，经济待遇经常被视为衡量地位高低最重要的指标，因此许多学生择业时较为看重经济收入。这种现象随着社会工资水平的全面提高和社会福利事业的发展会逐渐消失。事实上，还有更多的因素可以评判一种职业的社会地

① （唐）房玄龄注；（明）刘绩补注；刘晓艺校点．管子[M]．上海：上海古籍出版社，2015.

位，如职业的社会功能和社会权益等。

（1）教师职业的社会功能

所谓的社会功能，简单来说就是指这个职业在社会上起到的作用和贡献，作用越大，这个职业的社会地位也就越高。而教师职业从古代开始就一直有两个作用：一是教书育人，教师不仅是知识的传授者和学生能力的培养者，还是学生美好心灵和健全人格的塑造者，教书育人要做到促进人的全面成长和发展。二是传承文明，教育活动中，教师不仅可以传承人类文化，在一定程度上还能创造人类文化，还可以促进社会的延续和进步，对人类社会的发展有推动作用。因为对社会发展有着卓越的贡献，教师也被称为“太阳底下最崇高的职业”。

（2）教师职业的社会权益

在履行职责、从事职业的过程中，社会赋予教师的权力就是教师的社会权益，它还包含教师在社会中享有的如政治待遇、专业权力等合法权益。而政治地位则体现在教师的身份、教师所掌握或参与的权力、教师获得的荣誉等方面。在身份问题上，教师拥有较为崇高的身份，很多国家的中小学教师都被当作是政府公务员，拥有和政府公务员一样的政治待遇。

为表示对全体教师的尊重和感谢，从 1985 年起，我国把每年的 9 月 10 日定为教师节。《中华人民共和国教师法》已经颁布并且实施了很多年，它提供了我国尊师重教的法律依据，有力地保障了教师地位的提高。2010 年全国人大会议期间，作为全国人大代表的华中师范大学的周洪宇教授，在向全国人大会议提交建议时，提出了在中国建立独立教育公务员制度的提议，同时他还建议将取得教师资格证书并获得教师职位的公办教师确认为教育公务员，这是社会对教师职业的重视。

我国教师的政治地位和经济待遇随着政治体制的改革和完善会不断地提高，社会会尊重并欢迎那些工作中表现突出或成绩优异的教师，各级政府也会给予他们各种荣誉和奖励。

教师的专业权利是指一种教师作为专业人员获得的特殊权利。和教育活动中的教师权威不同，这种专业权利是教师在学校和教学活动中具有的独特的专业研究权、教育教学权和指导评价权等。教师的专业研究权是指在进行教育教学活动时，教师可以自由从事学术交流、科学研究、参与专业学术团体并在学术活动中自由地表达自己意见和学术观点的权利；教育教学权是指教师在自己的教育教学岗位上，拥有实施教育教学活动的权力和进行教育教学改革和实验的权利这两项权利；指导评价权是一项特定的权力，它与教师在教育教学中的主导地位相适应。

（3）教师职业的经济待遇

社会给予教师的物质报酬称为经济待遇，它主要是由教师劳动的性质所决定的，包括教师的工资、带薪假期、退休金等福利。一种职业在全体社会职业中相对地位的高低在很大程度上受经济待遇的高低影响，经济待遇的高低决定了该职业在社会职业中的排行。因此，在教师的地位问题上，世界各国都普遍较为重视教师的经济待遇，不断改善教师的经济待遇也成为一项提高教师地位的重要举措。在我国，中小学教师经济待遇已经得到了明显的提高，根据《中华人民共和国教师法》的规定，教师的平均薪水应该不低于或者高于公务员的平均水平，除薪酬外，教师还享有教龄津贴和其他津贴；在住房上还实行教师优先优惠政策等。

（4）教师职业的社会声望

教师在教书育人和传播科学文化知识的过程中被社会承认而获得的社会评价就是教师职业的社会声望。

在中华传统文化里，教师自古就代表着礼义廉耻、道德学问，他们是道德的典范、礼义的化身和学问的代表，一向被尊称为“先生”“师父”，自古代起就一直享有着崇高的社会地位和声誉。我国古代长期以儒家思想为主，受其影响，教师形成了一种神圣的使命感和社会责任感，这种使命感并不轻松，但教师们依然自觉承担起把中华传统思想道德文化传承和发扬光大的使命。这种结合了正人与正己、教书与育人，完善自身道德主体并将之挺立来垂范、昭示他人的传统师表形象，彰显了巨大的人格魅力，教师职业因此得到了崇高的职业尊严和良好的社会声誉。

（三）新时代教师职业的内在价值

价值，就是指意义，它是主体与客体之间某种关系的表示，这种关系指的是客体属性对作为主体的人的需求的满足关系，或者是客体对主体需要的满足，或客体对主体所具有的意义。教师职业价值包括教师职业对教师本人的内在价值和对社会的外在价值两个部分。对外在价值来说，内在价值是其基础和前提，而外在价值又是内在价值的表现和延伸。教师职业的本质在于促进人类生命的成长，其内核是教育和教学，因此相比于其他职业，教师职业对教师本身的内在价值更加具有生命意义。

人们对教师的认识长期存在许多误区，一个很普遍的意识是“长者为师”“学者为师”。有人曾这样形容现今社会上“教书匠”的处境：“一个死了一百多年的教师从坟墓里爬出来，拍拍身上的尘土，他就又可以拿着教鞭走上今天的讲台”。中国有很多赞扬教师，形容教师的语句，比如：“教师是蜡烛，照亮别人，燃烧自己”“教师是春蚕，春蚕到死丝方尽”“教师是人梯”“教师是铺路石”等。从这些隐喻中可以清晰地看出教师默默照亮他人，不求回报的无私奉献，或者在清贫中逐步销蚀、耗尽自己一生的悲壮地自我牺牲的形象，教师对他人和社会的外在价值以及教师崇高的职业形象在这些比喻中都得到了盛大的颂扬，但它们都忽略了教师的内在价值。教学活动对教师本人的意义，在其中教师得到了什么样的满足，自身生命是否得到发展，这些问题往往被忽略了。

社会公众和舆论方面，经常强调如热爱、奉献、表率等教师职业中道德上的要求和知识传递技能上的要求，却没有全面深刻地去认识教师职业的特性和专业素质。这种对教师职业价值认识的偏颇，再叠加社会给予教师的尊重和地位不够，以及教师对自己的职业缺乏荣誉感和认同感，导致许多人不愿意从事教师职业。

在新时代，教师的工作职能实际上已经发生了深刻的变化，在这种变化中，教师劳动的复杂程度和教师工作的创造性质被极大地增加了。因此，教师远远不只是一项谋生的职业。新时代的教师是一个在教师工作的研究中获得尊严和生命力的研究者，是和医生、律师一样“术业有专攻”，不会被其他行业的人取代的、让人尊敬和羡慕的职业。故而，只有社会深刻认识到教师职业的内在价值，教师才能在社会生活中感受到这一职业是令人羡慕且有着内在尊严的。

教师不该成为悲情的“为他人作嫁衣”的牺牲者，应具备 3 个方面丰富的教师职业价值内涵。

1. 教师职业能激发教师的创造潜能

教师的课堂教学不是一成不变的，而是随时处于变革之中，教学是一项极富变革性和创造性的事业，教学中的每一堂课都是独特的。教学的创造性最直接的表现是教师在教学过程中对于学生内心世界不断的探索，以及在此基础上进行的创新活动。因为教育活动需要面对千人千面的教育对象、千变万化的教育情境和千差万别的教学内容，因此某种层面上，教师是形式特殊的艺术家。需要根据不同的教育对象、情境和教育内容的时间空间和参与对象去创造和选择教学方法。教师职业的创造性体现在因材施教中，也体现在教育机制中，同时也体现在推陈出新里。诸多不确定因素和变化充斥在教育活动中，教育活动不是现成的、统一的模式，也无法套用固定的方法，教育想要获得成功，教师就要把自己的创造力发挥出来。这就是“教学有法，但无定法”这句话的道理。而经过自己创造力的发挥，教师会形成极具特色、完全属于自己的教育风格，创新也能让教师体会到创造的幸福，进一步挖掘出自己的潜能，促进实现自我的生命价值。

2. 教师职业能促进教师自身的成长

在照亮别人的同时，教师同样照亮和升华了自我；在对学生进行教育的同时，也强化了自身教育。信息时代的教育是一种双向的社会化活动：教师与学生在相互社会化的过程中共同探究教育内容，共同思考、碰撞，建构新的知识和意义。

一名教师倘若一生都在从事学校教学工作，就意味着他生命中大量的时间和精力都付出在课堂上和教学工作中。每一堂课都是教师自身生命价值和发展的体现，都是教师生命活动中的一部分。每一个热爱自己生命和生活，热爱学生的教师都不会轻视这些由生命实践组成的课堂教学，他们会自觉上好每一堂课，让每一堂课都能成为超越自我的舞台，每一堂课都能得到生命满足的愿望。

3. 教师职业能带给教师精神的自由

获得精神自由的教师是超越了纯粹物质欲望的追求，把自己平凡的工作和新一代人的成长以及人类生命和文化延续在一起，这种人的工作和他收获的快乐是联系在一起的，他的工作也联系着他自我价值的实现。对于从职业中获得了自由的教师来说，原本陌生的、不属于自己的外在世界就转化成了自己熟悉与喜爱的、属于自我生活的内在世界，就有活泼、丰富的联系建立在他和职业之间，他的生活会变得完满、充满意义，会有诗意在他心底流淌，有激情在他心中澎湃，他会在不经意间吟诵神圣的教师职业、欣赏优美的校园环境、赞赏学生良好的举止以及激发课堂的生命活力，对他来说，教师职业将会成为生活中不可割舍的一部分。

在自己的著作《生活的意义与价值》中，德国哲学家鲁道夫·奥伊肯曾说过，只有精神生活的事业被心灵忠实地拥护着，那种异己或者难以让人满意的充满世俗气息的创作被反对的时候，人的禀赋才能成为一种完成的行动，否则就不过是单纯的劳动准备状态或者被动的态度。事实上，不管是成为哪种行动的真正灵魂，教师到了这种状态的时候，他可以从教师职业中获得生命和精神的自由。

二、新时代教师职业资格

在我国，人们常说的教师职业的准入制度实际上是指教师资格制度。教师是一个神圣而特殊的职业，他们肩负着为我国培养人才的重任，因此教师不但应具有扎实的专业知识，还要求教师在道德品质方面有高的觉悟。鉴于教师这个职业的特殊性，我国现今已经建立了严格的资格制度，来对教师职业准入进行规范化限制，这也是为了使教师能够更好地进行教学活动，也是促进其切实履行法定的责任和义务的重要保障，因此也可以说，教师职业本身的专业性和特殊性决定了我国教师资格准入制度的实施。教师职业的专业性主要包括两个方面，一是教师学科素质的专业素养，二是教师职业的专业素养。因此，要想提高教师职业的专业性和特殊性，就要直接从教师专业性所包含的两个方面进行。

《中华人民共和国教师法》第十条“国家实行教师资格制度”规定：“中国公民凡遵守宪法和法律，热爱教育事业，具有良好的思想品德，具备本法规定的学历或者经国家教师资格考试合格，有教育教学能力，经认定合格的，可以取得教师资格。”第十一条规定了各类教师资格的学历条件；第十三条规定了教师资格认定的机构。这表明我国教师资格制度已经具有了法律地位①。

我国教师资格制度体系的建立经历了一定的过程：我国教育部于 1995 年 12 月 12 日颁布了《教师资格条例》，这部条例对教师资格的相关内容进行了明确规定，主要包括对教师资格的分类与适用、教师资格条件、教师资格考试、教师资格认定等。

之后经过五年的发展，教育部在 2000 年 9 月 23 日又发布了《〈教师资格条例〉实施办法》，这个文件对教师资格中的一些事项进行了详细介绍和说明，比如资格认定条件、资格认定申请、资格认定、资格证书管理等。

从 1995 年的《教师资格条例》到 2000 年的《〈教师资格条例〉实施办法》，

① 中华人民共和国中央人民政府．中华人民共和国教师法 [EB/OL]．（2005-05-25）[2022-3-20]．http：//www．gov．cn/banshi/2005-05/25/content_937．htm.

经过五年的发展完善，我国逐渐建立起了基本完备、规范、系统的教师资格制度体系。当然，当时的教师资格制度仍然存在一定的不足，需要进一步地完善。

2010年7月29日教育部颁布了《国家中长期教育改革和发展规划纲要（2010—2020年）》（以下简称《纲要》），在纲要中明确提出教师资格制度改革和完善的方向。具体来讲，《纲要》提出“国家制定教师资格标准，明确教师任职学历标准和品行要求。建立教师资格证书定期登记制度，省级教育行政部门统一组织中小学教师资格考试和资格认定，县级教育行政部门会同人力资源社会保障等部门按职责分工依法履行中小学教师招聘录用、职务（职称）评聘、流动调配等职能”；“完善并严格实施教师准入制度，严把教师入口关”；“完善教师退出机制”[①]。

目前来看，我国已经有部分省份对教师资格的定期复核制度进行了明确的规定。不仅如此，还建立了相关的教师资格退出机制。我们以南方某省为例，该省于2011年针对教师资格复审制度提出新的要求，即要求教师每隔5年参加一次资格认证考试，而且明确规定了，没有通过每5年一次的资格考试的教师，将不再有资格担任教师职位，除此之外，该省还对教师退出机制、教师资格定期审核制度以及等级制度进行了完善。

正所谓“教育大计、教师为本”，我国的教育现代化百年大计是否能够顺利进行是由教师队伍的素质与能力决定的。我国的教师资格考试分为“国考”和“省考”，与“省考”相比，“国考”具有以下鲜明的特征。

（1）我国的教师资格获取并不限制在师范院校毕业生中，其他的非师范类院校的毕业生或者符合学历要求的社会人员也可以通过考试获取教师资格证，在“省考”时期，我国的教师资格实行“双轨制”，就是针对师范类考生和非师范类考生的，具体来讲就是师范类的学生在毕业时就能够自动获取教师资格，不用参加考试，而非师范类院校毕业生或者符合学历的社会人士则需要通过“省考”。这种“双轨制”存在众多弊端，因此教育部颁布的新的政策规定，所有的人员都必须参加“国考”才能获取教师资格证（2017年起对部分师范院校的考试方式有所调整）。这也是“国考”与“省考”最大的不同，“省考”摒弃了“双轨制”，

① 中华人民共和国教育部. 国家中长期教育改革和发展规划纲要（2010–2020年）[EB/OL].（2010–07–29）[2022–3–22]. http：//www. moe. gov. cn/srcsite/A01/s7048/201007/t20100729_171904. html.

采用了“单轨制”，对于我国对教师人才的选拔上具有重要的意义。

（2）“国考”的推行，在考试权威性方面有很好的体现，首先表现在命题上，在“省考”时期，各省在命题上呈现出命题难度不均、缺乏科学性等问题，这些都是我国教师人才选拔中的弊端，“省考”为了避免这种弊端，实行全国统一命题。更加体现考试的公平、公正。从而使得国家教师资格证书的含金量和国家公信力得到大大提升。

（3）“国考”比“省考”在教师教育取向上更加鲜明、涉及知识的结构设置也更加合理。比如，“国考”在教育取向上更加强调教师培养中的育人取向、能力取向和实践取向。在知识结构设置方面主要表现在笔试和面试两个方面。具体来讲，第一，在笔试类别涉及的结构方面，在以往的“省考”中，教师资格考试的类别和方向只包括教育学和教育心理学。而新的“国考”考试中，笔试考试的类别更加全面，除了注重对考生文化素质、职业认知、教育理念、综合素质的综合考查之外，还重点强调了教育教学基本能力测评、学生指导、班级管理的具体教学设计和课例分析等。第二，在面试方面，“国考”更加注重通过结构化面试、情景模拟等形式考查考生的教师基本素质及教学能力。

（4）“国考”与以往的“省考”相比，更加具有开放性。一方面，考试对应届大学生全面开放，大三的学生就可以参加教师资格考试。这样能够给予非师范生和师范生同等的进入教师队伍的机会；另一方面，“国考”的考试成绩全国通用，打破了省际壁垒，这在很大程度上鼓舞了考生的报考热情。

第二节　师范生能力素养概述

所谓师范生能力素养，包括师范生为了成为一名优秀教师应具备的教学能力及专业素养，下面本书将对这两部分内容进行详细阐述。

一、教学能力

对于师范生——未来的教师而言，教学能力是必不可少的，如果不具备教学能力，那么将来就没有资格走上讲台，不能接过教书育人的重担。在学校教育教学过程中，教师的作用直接体现在通过引导使学生把外在的知识和能力转化为内在的东西，成为支撑自己人生成长的重要能源。教师实际上起着桥梁和梯子的作用。因此，教学能力实质上就是引领学生从此岸走向彼岸的本领。立足新时代，在我国基础教育课程改革向纵深发展的关键时期，教师课堂教学能力的重要性已经充分凸显出来，甚至可以说起决定性作用。

因此，师范生必须对教师的教学能力有一个比较清楚的认识，从而不断促进自己教学能力的提高。特别是作为准备入职教师职业的师范生，要想使自己的入职不适时间缩短，更好地适应新形势下我国基础教育课程改革的现实，使自己真正成为一个专业化的教师。那么，在大学学习期间，必须要加深对教学能力的理解，并且不断努力提高自己的教学能力，下面，将对教学能力进行分析与阐述。

（一）教学能力定义

能力是足以使人完成某种活动的心理特性。教学能力的研究和讨论一直是中外有关教师心理发展和教师专业发展研究的重要组成部分。在20世纪六七十年代，西方能力本位的师范教育兴起，使得教学能力研究得到了很大的发展。近年来，随着我国师范教育的普及，专家学者们对教师能力的研究越来越多，教学能力也逐渐受到社会各界的关注，关于教学能力的研究也逐渐成为一个热点。尽管如此，众多专家学者们对“教学能力”的具体概念仍存在不同的看法，并没有达成一致。

罗树华、李洪珍在《教师能力学》中将教师的一般职业能力分为三种：教师的教育能力、教师的班级管理能力以及教师的教学能力。他们认为教师的教学能力是指各科教师应当普遍具有的运用特定教材从事教学活动、完成教学任务的能力。教学能力包括教学过程的始终，包括起始环节的运用教学大纲和教材、课堂授课技巧与方法的掌握和最终环节的学生学习指导与测验能力的掌握等①。

顾明远在《教育大辞典》中这样定义教学能力：“教师为达到教学目标、顺利从事教学活动所表现的一种心理特征。由一般能力和特殊能力组成”②。

申继亮、王凯荣认为：“教学能力是以认识能力为基础，在具体学科教学活动

① 罗树华，李洪珍．教师能力学[M]．济南：山东教育出版社，1997.

② 顾明远．教育大辞典（增订合编本）[M]．上海：上海教育出版社，1998.

中表现出来的一种特殊能力（专业能力）。”[①] 另外，他们还将教学活动所涉及的能力归结为教学监控能力、教学认知能力和教学操作能力三种。

综合各种观点，我们可以得出，结论教学能力实际上就是教师基于一定的教学知识和教学技能，在一定的教学情境中，通过有效的教学行为顺利并且高效地完成教学目标。这一过程能够促进学生生命发展中个性心理特征的展现，因此，可以说教学能力实际上是艺术性和科学性的统一，它不仅包括一般能力，也包括特殊能力。教学能力除了艺术性和科学性，还有一个典型特点，那就是社会性，它会随着历史的发展而发展，会根据不同的历史条件而产生变化，主要表现在不同的历史时期，教学的目的、教学的原则、教学方法等都会产生差异。从这一点来看，教学能力实际上是一个永恒的变量，随着时代的发展，它的内涵也会不断地增减。

（二）教学能力特点

当人们从事一项活动的时候，是需要一定的能力的，因此，我们可以说能力和活动是同时存在的，是紧密联系在一起的。同样，能力的形成、发展也只能在活动中才能实现。因此，教师的教学能力只能在教学活动过程中通过自己的实践和探索逐步形成，这也就决定了教学能力具有的自身特点。

1. 教学能力是艺术性和科学性的统一

在古代，许多教育家和思想家把教学视为一种艺术活动。我国古代伟大的教育家孔子指出：“不愤不启，不悱不发，举一隅不以三隅反，则不复也。”[②] 孔子倡导启发式教学，强调教师的教学能力就是启发学生获得感悟。他强调的是教学活动的艺术性。

在西方，很长的一段时间里，一直是教学能力的艺术性观点占主流。17 世纪捷克的著名教育家夸美纽斯（Komensk'y）指出，教学就是把一切知识传给一切人的艺术，并认为，教育人是艺术中的艺术，因为人是一切动物中最复杂、最神秘的。

教学能力作为艺术性和科学性的统一，早已在教育界成为一种共识。在理解

① 申继亮，王凯荣．论教师的教学能力 [J]．北京师范大学学报（人文社会科学版），2000，（1）：68.

② 孔子．论语 [M]. 北京：中国文联出版社，2018.

教学能力的艺术性和科学性的时候要注意以下两点：第一，教学能力的艺术性和科学性是教学能力的两个方面，并且艺术性和科学性不可以相互替代，因为它们分别决定了教学活动中的特殊性与共性，主观性与客观性，创造性与可重复性，情境性与概括性等。第二，教学能力的艺术性和科学性是不可分割的，两者紧密相连，共同决定了教学的效果。具体来讲，如果教学能力缺乏艺术性，那么教学过程往往显得没有活力；如果教学能力缺乏科学性，那么教学过程中教学的计划性和目的性将无法得到保证。因此，只有坚持教学能力的艺术性和科学性相统一，也就是将艺术活动和科学求真有机结合起来，才能凸显教学能力的特殊性，即区别于其他社会活动能力的一种独特的活动能力。

教学能力的科学性决定了教学能力的可培养性。在当代制度化的教育背景下，课堂教学的教学知识与教学技能具有规律性、习得性和重复性。教学能力的培养有一套有效的组织程序。教师教育机构（师范大学）为将要入职的教师提供系统的教师教育课程，培养各种教学能力。而教学能力的艺术性则说明了教师在教学活动中体现出来的创新性、难控性和不可习得性。这种教学能力往往表现为教学智慧或者教学机制，这是教学能力的最高表现。另外，新时代教学知识的不确定性特征也加强了教学能力的艺术性表现。新时代教学知识的特征表现为知识前提、知识生成过程和知识成果的不确定性。新时代的一些教学理论也强调教学能力的艺术性，建构主义教学理论就是其代表之一。

2. 教学能力是教学知识和教学技能的统一

所谓教学知识，是指教师特有的有关教学的知识，是作为教师不可缺少的部分，这里说的知识，并不是社会一般人所拥有的知识，也不是学校或者学生的管理者所拥有的知识，而是作为教师所拥有的知识。通俗来说，教学知识就是教师之所以能够进行教学活动，所拥有的包括教学的课程知识、教学的方法知识、教学的内容知识在内的基本知识或技能。具体来讲，第一，教学课程知识主要是指有关教学课程的材料或资源等知识；第二，教学方法知识是指在教学过程中所采用的教学策略或者课堂组织模式等知识；第三，教学内容知识，就是在教学过程中教师给学生传授的有关概念和过程方式的相关知识。

教学知识是教师教学能力的一个重要部分，整个教学过程离不开教师对教学知识的掌握，只有掌握全面的教学知识，教师才能在教学中做到游刃有余，但是教师要想将自己的教学能力充分表现出来，实现教学的有效性，只拥有全面的教学知识还不够，还需要高效的教学技能。技能是执行一定的活动的时候所采用的方式，是可以通过练习获得的控制动作，因此，能够对某一活动或动作起控制作用。教学技能也是如此，是教师在教学过程中根据教学目标、教学内容，运用恰当的教学技能进行教学。教学活动本身属于一种实践活动，要想实现确定的目标，就要付诸实施。而教学技能在教学活动中起着控制执行的调节作用。

综上所述，在教学活动中，教学能力、教学知识和教学技能之间存在着密切的联系，三者之间的关系可以用下列公式表示：

教学能力 $= f + \Delta$

其中 f 为教学知识、教学技能，Δ 则是表示其他因素的一些影响。从公式中，我们可以看出，教学能力不仅与教学知识、教学技能存在某种复杂的函数关系，受教学知识、教学技能的影响，还会受到一些其他因素的影响。

通常情况下来说，教学能力可以分为教学技能、教学管理能力及教学科研创新能力三个方面。对此，我们会在后文中进行更为详细的阐述。

二、专业素养

（一）专业素养的概念

当然，光具备教学能力，对于师范生而言仍是不够的，想要在未来成为一名优秀的教师，不仅要懂得教书，更要懂得育人。因此，师范生必须要具备教师专业素养，恪守职业道德、不断学习发展，在日后的工作中为国家、为社会培育一批批优秀人才。

那么，究竟什么是专业素养呢？在新时代，师范生要具备怎样的专业素养，才能成为一名优秀的教师呢？可能很多人对此只有一个模糊的概念，接下来，本书将对其进行详细的阐释。

这里的素养并不是简单地包括知识与技能，而是在特定的情境中，人通过充分利用和调动心理社会资源来满足复杂需要的能力。举个例子来说，有效交往能力可以看作一种素养，在交往的过程中，人们为了实现有效交往，利用了自己的语言知识、获取实用信息的技能等。

从宏观方面来看，教师素养包括两个方面的内容，即“博”与“专”。具体来讲，就是要求教师要具备作为一个社会人的各种素养，其中不仅包括教师作为社会角色的素养，还包括其作为教师的角色素养。换句话说，既是教师也是公民，要具备公民的基本品质，另外教师又肩负着教书育人，为国家培养人才的重任，因此作为教师这一角色，要具备该角色所需的专业知识、专业技能以及作为教师的态度。有学者将教师的素养分为四个部分，即基础性素养、共通性专业素养、核心学科教师专业素养、教育实践素养，并且这四个层面之间的是逐级嵌套的关系。另外也有学者将教师素养分为基础性素养、教育专业素养和复合型专业素养三大类。

通过上述关于教师素养的研究，本书认为，可以将教师的职业素养与教师专业素养等同，教师的职业素养主要凸显其职业角色，由其职业特性所决定。换句话说，教师在进行教学活动的过程中，形成的具有稳定性、发展性、独特性的专业品质就是教师专业素养。

（二）专业素养的构成

关于教师专业素养的构成，业界学者也没有达成一定的共识。他们提出了对教师专业素养的不同认识。具体分析如下。

吴黛舒将教师专业素养看作是学科素养和教育专业素养的复合，认为对于教师，其专业素养是一种有关知识的理解，它被保存在头脑中并体现在教师的教育实践活动中[①]。

唐松林将教师专业素养分为认知结构、专业精神和专业情意[②]。

姚念章旨在探讨高等师范院校课程改革，将教师专业素养分为认知系统、情意系统和操作系统[③]。

而叶澜教授在探讨教师角色的同时，认为教师专业素养包括教育理念、知识结构和能力结构[④]。她认为，教师要具有与时代精神相通的教育理念，并以此作为

① 吴黛舒．“新基础教育”教师发展指导纲要 [M]．桂林：广西师范大学出版社，2003.

② 唐松林，徐厚道．教师素质的实然分析与应然探讨 [J]．教育科研通讯，1997（2）：64.

③ 姚念章．教师专业素质结构与高师课程改革 [J]．河北师范大学学报：教育科学版，2000（3）：63-66.

④ 叶澜等著．教师角色与教师发展新探 [M]．北京：教育科学出版社，2001.

自己专业行为的基本理念支点；在知识结构上不同于今日教师，不再局限于“学科知识+教育学知识”的传统模式，而是强调多层复合的结构特征；要具有新的能力，尤其强调理解他人和与他人交往的能力、管理能力和教育研究能力。①

目前关于教师专业素养的研究，业界虽然还没有达成共识，但是大多数人都认为教师的专业素养主要包括三个方面，即专业知识、专业技能与专业品质。具体来讲，第一，知识包括的范围很广泛，涉及教师在进行教学活动中的各方面的知识，比如内容知识、学科教学知识、课程知识、一般教学法知识，除了这些基本的知识，教师的专业素养还要求教师具备一些其他知识，比如教育基础（有关多元文化，哲学、社会学和心理学）、政策情境、多元学习者以及他们的文化、技术、儿童和青少年的发展、分层过程与动力机制、学习理论以及动机和评价等方面的知识。第二，教学技能。教师专业素养中的教学技能主要包括教学过程中所涉及的规划、组织和协调，使用教学材料和技术，约束学生，管理小组，监控和评价学习，与同事、家长、社区和社会服务机构合作。第三，教师的品质。这里的品质主要是指教师的信念、价值观、对教育的态度、对自己义务的履行等。

通过对学界研究进行总结归纳，本书将教师专业素养看作是教师从事教育教学工作所必须具备的特质，是经过系统的教师教育并在长期的教学实践中逐渐发展而成的具有专门性、指向性和不可替代性的素养。而就教师专业素养所包含的内容而言，本书认为除专业知识、专业技能、专业情意外，还应加入专业育人与专业发展，这是因为，对于新时代师范生而言，当他们走上讲台之后，不仅要学会如何传授学生知识技能，使他们有学识、有能力，更应懂得如何育人，培养学生的优良品质，使他们有理想、讲道德。同时，师范生也应当掌握专业发展能力，走出校园、成为一名教师，并不意味着终点，反而意味着新的开始，如何规划自己的职业发展之路，如何一步步提升自身能力素养，这些与专业发展能力息息相关。在后文，本书同样将对专业素养进行深入阐述。

---

① 叶澜．新世纪教师专业素养初探[J]．教育研究与实验，1998（1）：41-46.

第三节 师范生能力素养提升教育的内涵及实践取向

一、相关内涵

师范生能力素养提升的教育，本质是一种养成教育，因为想要使师范生的教学能力与专业素质从无到有、从有到精，得到质的提升，不是一朝一夕的事，不是突击就能得来的，需要细水长流地培育养成。在本节中，为更便于阐述与理解，我们将以“养成教育”一词指代师范生能力素养提升的教育，真正触及其本质。

养成教育的传统在中国源远流长，中国古人特别重视儿童的蒙养教育，提出了“蒙以养正”或“养正以蒙”的教育理念，其核心就是让教育对象学会做一个正直、有道德的人。

养成教育与高校师范生教育相结合，便具有了新的含义，可以为师范类专业人才培养提供一个新视角。

师范生的养成教育实际上是师范生自主地提高自身教师能力的过程和方式。当然，师范生这种教师能力的提升是在高校有意识、有目的的培养以及教师文化环境的熏陶下进行的。师范生为了提高自身作为教师应该具备的教学能力和专业素养，在日常的学习中不断进行自我体验、自我实践和自我教育，从而使自己的教学能力和专业素养得到提升。

教师这个职业肩负着为祖国培养下一代的重任，是教书育人的专门职业。具有鲜明的专业化特点，这就要求教师必须具备专业的能力素养。进入21世纪之后，随着经济、社会、文化、教育等各方面的发展，对教师专业能力素养的要求越来越高，教师在教学活动中，除了要有较丰富的、全面的专业知识，还要加强自身的专业情怀，提升自身专业育人、专业发展等各方面的能力素养。

师范生作为未来教师的主力军，在高校中是一个特殊的学习群体，具有双重身份——“今日”的学生，“明日”的老师。他们不仅承担着同其他专业的大学生一样的学习责任，还承担着师范生将来“教书育人”的独特使命。这一双重身份就要求师范生不仅要具备与一般大学生同样的基本素质，还要具备与教师职业相关的教学能力、专业素养和教师人格等。只有这样。师范生才能为今后的教师职业做好准备。

当然，师范生想要成功从学生角色转换成教师角色，并非一朝一夕就能完成的。其中要经历一定的过程，在这个过程中，师范生要付出很多努力，首先在大学的课堂上要接受关于教师职业相关理论知识的传授，不仅如此，还要在大学学习期间积极参加实践、训练，在实践中体验教师的职责，主动把自己学到的外在的理论知识进行内化，最终变成自己的专业素质。在这个过程中，师范生通过不断的学习和实践，逐渐生成教师专业素养，并不断得到提升，这就是师范生养成教育的过程。综上所述，师范生的养成过程，本质上就是外在强化和自我内化的统一。

师范生的养成教育受到多方面因素的影响，高校的培养的目标、培养手段和育人环境都对师范生的养成教育起着决定性作用。另外，师范生的养成过程还是一个长期的过程，在这个过程中，高校教育者对受教育者进行反复、长期的教育、疏导以及训练等，以使受教育者在素质、能力以及行为习惯上都有一定的提高，最终实现受教育者的自觉体验和实践。因此，可以说，养成教育是对师范生按照教师标准进行长期、反复的培养和熏陶，以使师范生对教师的各种标准进行消化、融合、升华，从而在不知不觉中自动养成良好的意识、自律的行为，无论是在品行上还是专业知识上都具有未来教师的样子。由此可见，养成教育对于师范生来说十分重要，主要是对师范生的精神内核进行培养，对于师范生以后的教师生涯，具有巨大的作用，为将来师范生的教师职业打下坚实的基础。

二、具体特点

事实上，传统的教师培养模式往往会忽视教师专业发展的实践性、体验性以及过程性，是一种更加技术化和工具化的培养模式。这一模式的弊端已经凸显，严重影响了教师人才的培养。然而，师范生的养成教育除了强调对专业技能的学习，还十分重视教师职业的信念的培养，教师职业的情感以及教师职业相关能力的发展。它遵循教师能力素养的形成规律，具有实践性、体验性、过程性、渗透性的特点。

（一）实践性：强调培养的实践取向

在师范生的养成教育过程中，实践是非常重要的，在师范生专业素养的提升方面，有很大一部分主要来自实践，比如教师职业情感、职业信念或者师德等并不是完全来自课堂教学，而是在师范生的日常教育实践中培养的，只有不断地积累、体验，才能使职业情感、职业信念在师范生的心中留下深刻的烙印，也才能使师范生的教师职业素养得到不断提升。

师范生养成教育是基于实践取向的培养模式，体现出实践性的特点。这是因为师范生养成教育的过程是经过不断地参与教育实践活动和在教学体验中完成的，这里的实践强调两个方面的内容：其一是教学活动中的教育实践；其二是在日常生活中环境的熏陶。师范生的养成教育需要师范生真正融入教师文化中，这就要求师范生在日常生活中必须参与到日常教育情境和生活中，因为只有对教育现场和教育实践有了深入的体验，才能够将教师职业的外在需求内化为自身的职业素质。

综上所述，我们可以发现，实际上师范生的教学能力和专业素养，并不是仅依靠课堂教学就能够获得的，而是要在日常的实践中，经过师范生的不断实践、体验获得。所谓师范生受教育的主要场所，师范类院校必须努力为师范生营造良好的教师教育文化，并将教育实践和体验贯穿于整个教师培养过程的始终。

（二）体验性：注重获得理解的过程

“体验”是对“经历”一词的再构造。德国著名哲学家汉斯 - 格奥尔格·伽达默尔（Hans-George Gadamer）指出：“如果某个东西不仅被经历过，而且它的经历存在还获得了一种使自身具有继续存在意义的特征。那么这种东西就属于体验”①。

师范生的职业情感和职业精神、教学能力、专业素养需要通过长期的深入教育现场，在不断参与不同形式的校内外教育实践活动的过程中产生情感体验，从而转化为专业素养。因此，师范生养成教育具有体验性。

养成教育强调让师范生在实践活动、在校园文化中增进体验。学习的本质是个体参与到实际情境，经过实践和体验，与他人及环境相互作用的过程。不管是人的道德品质还是习惯的养成，都不是完全靠教出来的，必须经历个体的实践，通过发自内心的体验才能形成。在实践活动中，师范生能够体验教师职业特点，

① （德）汉斯 - 格奥尔格·加达默尔（Hans-Georg Gadamer）. 真理与方法：哲学诠释学的基本特征（上卷）[M]. 洪汉鼎译，上海：上海译文出版社，2004.

感受教师人格特质，了解师生之间、生生之间的关系，通过这一体验过程来发展自身。

当然，体验不仅仅是感官的，还是感觉的，是获得理解的过程。师范生不仅在实践活动和文化熏陶中听到、看到、感受到，还要将这些感受转化为自身的认识，内化为自我的能力素养。

师范生在基于身体的体验中理解教师职业的价值与意义，感受教师工作的伟大，进而增进职业认同，树立从教的坚定信念，这体现了体验对于自身发展的存在意义。从某种层面而言，养成教育不仅是一种教育方式，更是一种生活方式。

（三）过程性：表现为量变到质变的积累

不管是实践，还是体验，都需要一个长期的过程。一方面，师范生养成教育体现了教师的培养过程，即个人从非专业人员逐渐向教师专业角色转变的过程，也就是个人从“普通人”“自然人”变成“专业教育者”的发展过程，这一发展过程不仅是专业知识的获得和丰富的过程，更是其专业精神形成并发挥作用的过程，是其教育教学能力素质不断提高和更新的过程；是一个不断学习、不断实践、不断创新的过程；是一个不断利用外部资源和条件进行优势积累的过程；更是一个不断实施自我监控、自我调节和自我超越的过程。

从本质上看，养成教育是一种全过程性的教育，是自然人的社会化过程，它贯穿于人的一生。从大学四年的师范生培养看，养成教育伴随着师范生从入学到毕业，包括寒暑假。同时，养成教育贯穿于师范生的一日学习生活中，不仅仅包括课堂，还有课外的生活、课外的活动。

另一方面，师范生养成教育是一个由量变到质变的发展过程。师范生教育不是一蹴而就的，而是一项长期的育人工作，需要一个长期的训练和培养过程。养成教育是通过被教育者切身的体验和反复的实践去完成的，可以说是一种动态的教育，它更强调实践、体验和活动的过程。在师范生养成教育过程中，必须重视其过程性，注意量的积累，在长期不断的教育实践、职业情感体验和教师文化熏陶的教育过程中，促进师范生的专业发展，从而养成并不断加强教师教学能力、专业素养。

（四）渗透性：体现为无声之教

养成主要是一个内化生成的过程，育人无形，润德无声，师范生养成教育不仅需要时间的滋养，也需要环境的浸润。养成教育的渗透性是指教育力量虽然见之无影、摸之无形、听之无声、觉之无察，但又无处不在、无时不有。如果说培养是外在的教育、训练、引导、规范、强化，强调一个由外而内的教育过程，那么，养成教育则更加重视自我的、内在的、自觉的生成，是一个由内到外的教育过程，是一个潜移默化的自然生成过程，它将过去那种重视“教”的教育模式进行了修正，而引入了“养”这个模式。“养”与学生的生活体验、文化熏陶密切相关，更加重视在日常教育生活和体验中渗透，养成教育更多地体现了以人为本的精神，更侧重于人的思想和精神素质方面的培养。

师范生养成教育就是一个由内至外的过程，它更多强调的是发自内心的情感体验和陶冶，是自我养成的过程，体现为渗透性。师范生养成教育是一种无声之教，教师教育文化的熏陶、教师的影响、榜样的感召等都在悄无声息地影响着师范生。

身处一个良好的教师教育文化环境有助于师范生养成教师的职业情感和气质，师范院校教师或一线教师的精神感染、优秀教师行为的榜样引领也都会对师范生产生影响，这些精神、制度、文化等无形或有形的教育元素，在日常教育生活和情境当中，不断内化并生成稳定的教师专业素养和职业性格，都在润物无声地促成师范生能力素养的养成，使师范生在日常教育实践和生活中自觉生成教师专业素养并不断提升。

三、实践取向

养成教育是在长期实践的基础上，通过包括培养和熏陶在内的多种教育手段对师范生进行教育。养成教育强调行为教育和认知教育之间是相辅相成、互相促进、相互对应的关系。因此，师范生在提升能力素养的途径主要包括课程学习、实践活动、学校文化熏陶。下面我们对这三条途径进行详细论述。

（一）在课程学习中培养素养

教育目标的实现离不开课程这一基本途径，纵观世界教育发展史，世界各国教育的发展为我们带来众多有价值的经验，我们可以发现，任何教育的改革只有进入课程改革的层面才能取得实质性的成效。实践证明，课程教学是师范生素养培养的主阵地。因此，高等师范类院校要想加强对师范生的养成教育，应该从教学技术着手，对课程结构体系进行改革，将师范生养成教育的内容、要求等纳入课程中。除此之外，还要对养成教育纳入课程教学后进行课程考核。

根据师范专业认证的要求，目前师范生培养对成果导向教育理念（Out come-based Education，OBE）进行强调，这是国际工程认证体系为了实现通过学习产出来带动课程活动和学业评价的目的而提出的工程教育改革的思路与方法，它的动力系统是学习产出。

上述理论认为一切教育活动、教学过程和课程设计都要围绕实现学生预期的学习结果而进行，也就是说，学生在接受教育后能够获得什么样的能力，利用这个能力在以后自身发展中能够做什么。成果导向教育在近年来深受教育系统的关注和重视。它实际上是一种对每一位学生的最终学成结果进行界定的教育，与此同时，它也是一种针对学生的预期学习成果，通过反向推演之后对课程体系进行设计的教育模式。

OBE 教育理念的原则是“反向设计，正向实施”，根据这个原则，师范生养成教育的教育模式可进行如下设计，即明确师范生素养构成、确定素养与课程的对应关系、探索师范生素养养成有效路径（图 1-3-1）。

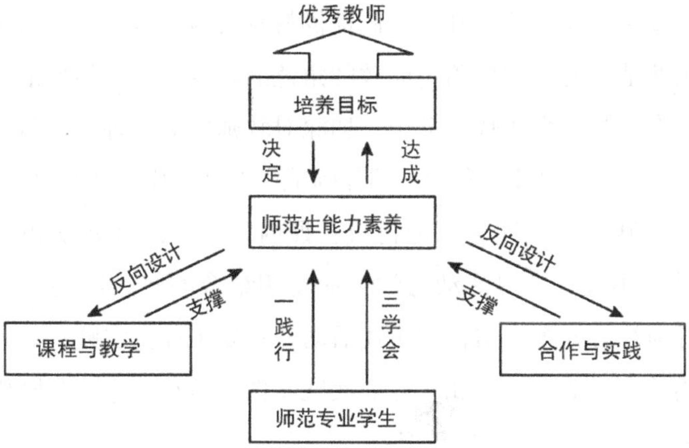

图 1-3-1　基于产出导向的课程设置

课程是促成师范生能力素养养成的主要载体，通过反向的课程设置，明确各课程板块与师范生能力素养之间的逻辑关系；通过构建课程矩阵图，确定课程内容与师范生能力素养之间的对应关系；正向实施教学，保证师范生能力素养养成。

师范生能力素养养成教育围绕践行师德、学会教学、学会育人、学会发展四个方面展开，要建立师范生各能力素养与各门课程之间的支撑关联，根据各门课程知识体系对师范生素养的关联程度确定支撑强度，每一门课程都属于课程体系的组成部分，课程教学目标对应课程的一个或多个知识点，课程知识点必须能达成教学目标，最终促成师范生某类素养的形成。

在师范专业人才培养方案的课程设置中，应针对不同的能力、素养开设相应的强支撑课程，如针对师范生践行师德，开设教师职业道德等系列课程；针对师范生教学能力培养，开设教学设计、教学方法等课程；针对师范生育人能力培养，开设班主任工作等课程；针对师范生自我发展能力培养，开设职业发展规划等课程，这些课程使教学内容的目标指向性更强，有助于师范生素养养成。

（二）在实践活动中孕育素养

前面提到养成教育是一种实践取向的教育，师范生应该在活动、体验、经历中去孕育教师教学能力与专业素养。如果说师范教育课程体系为师范生的知识拓展打下了一个框架的话，那么，其本质的深化和结构的优化还需要教师个体独到的感悟、体验和经验的总结，而这一切都离不开教育教学实践。

师范院校要尽可能多地给师范生们提供教育实践的资源、机会和经历，这有利于师范生更快地实现由学生角色向教师角色的转变，使得他们能提前适应教育教学工作，并在参与教育实践活动中，加深对教师职业的理解和认识，帮助他们树立起崇高的教师职业理想和信念，即让师范生在活动中形成教师的人格和素养。

师范生的实践活动由四个部分构成：课内教学与课外教学相结合的实践活动——属于基础实践；学习活动与学生活动相结合的实践活动——属于综合实践；学校教育与社会教育相结合的实践活动——属于社会实践；教育教学知识与技能实际运用的实践活动——属于专业实践（图 1-3-2）。它们共同构成了师范生养成教育的重要途径。

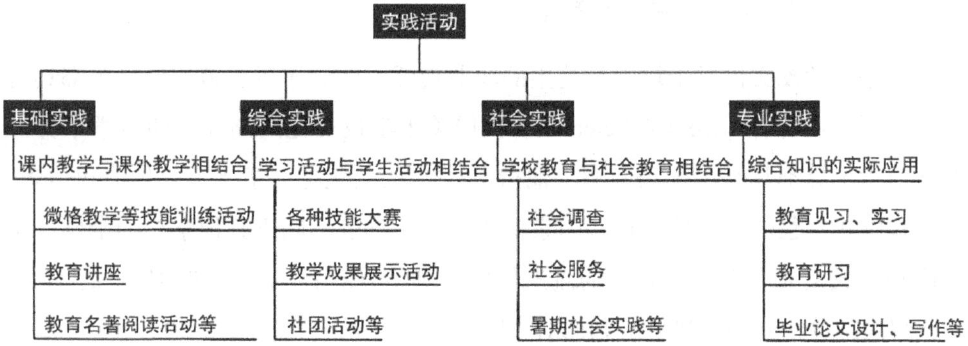

图 1-3-2　实践活动分类图

1. 基础实践

主要是课堂教学及课外开展的教学训练活动，包括书写技能训练、口语表达技能训练、课堂教学技能训练（微格教学）、绘画技能训练、弹唱技能训练、舞蹈技能训练、说课技能训练、讲座活动、教育名著阅读、教育影片欣赏等与课堂教学内容相关的，在课外进行的实践活动。

2. 综合实践

主要包括教学技能大赛、演讲比赛、辩论比赛、写字比赛、手工作品展、书画作品展，以及毕业汇报演出、教学成果展示、社团活动等实践，它们是以学生活动的方式呈现，但内容是结合专业学习的展示、提升而展开。

3. 社会实践

主要包括社会调查、社会服务（家教、支教等）、暑期社会实践、志愿者活动等，开展学生志愿服务，学生以志愿者的身份走进孤儿院、走进社区，主动运用所学的知识、技能为社会服务，从而在生活情境中养成教师职业素养。社会实践将学校教育延伸到社会，既是学校所学知识的实践运用，也是服务社会的体现。

4. 专业实践

主要包括教育见习、教育实习、教育研习、毕业论文（设计）写作等专业实践活动，体现为综合知识在实践活动中的运用。

这些实践活动，不仅可以锻炼师范生的教育实践能力，也陶冶了师范生的情操，培养了师范生的责任感和爱心，促进师范生素养养成。

（三）在学校文化熏陶中涵养素养

良好的学校文化对于培养师范生的职业责任、职业作风、道德情操等都具有重要作用。皮特森（Kent D.Peterson）教授关于学校文化的阐述在西方学术界乃至整个学术界都具有深远的影响，他指出："学校文化是一组规范、价值和信念、典礼和仪式、象征和事迹，这些因素构成了一所学校不同于其他学校的个性，正是这些不成文的因素随着时间的流逝促使教师、管理者、家长和学生一起工作，一起解决问题，共同迎接挑战和面对失败"①。

文明有序、整洁优美、蓬勃向上、健康和谐的校园环境有助于形成浓郁的校园文化氛围，对师范生的行为起到良好的引导作用；体现着学校文化风貌的建筑景观、校训校貌、校规校纪、校风学风等，可以创设出一种精神气候和文化氛围；入学典礼、宣誓仪式、祭奠仪式、毕业典礼等学校仪式，是学校教育"以文化人"的重要载体；互联网时代的网络、视觉影像、微博、微信公众号等媒体，可以为师范生营造一个积极、健康、充满学习氛围的网络环境。

总之，学校文化内在表现为学校的信念价值观，外显为学生的生活方式、行为方式和意识方式，它具有价值导向、行为约束、人心凝聚、异质同化、文化育人等功能。

一般来说，学校文化可以分为学校的物质文化、制度文化、精神文化和行为文化四个方面。

物质文化包括校园建筑和环境设施等，这是学校文化以实体形式存在的外在体现，是学校文化的外在形象。

制度文化包括学校的规章制度、道德规范和行为准则，这是学校办学思想、办学理念和管理体制、管理模式的集中表现，反映和体现着学校文化的发展水平。

精神文化包括学校办学思想、价值观念、教育理念、校训、校风等，这是一种内在的理性文化，是学校文化的精神核心和最高目标。

行为文化包括师生的行为举止以及学校开展的仪式行为等，从实践角度看，学校所有的文化都是由人和人的行为来建构的，行为文化是构成学校文化的无形力量。

---

① 李红霞．国外学者关于文化与学校文化的理解与启示 [J]．外国教育研究，2007（2）：19-20.

在学校文化系统中处于核心地位的是精神文化，发挥着统率作用；中间层级是行为文化和制度文化，是精神文化在关系和方式上的映射，是价值观念对行为和制度的认识和看法；处于最外层的是物质文化，以物化的形式反映价值与观念。

不同的学校具有不同的学校文化，作为培养教师的师范院校应该要有明显区别于其他综合性院校的学校文化，这种师范学校文化必然是能体现师范院校教师教育的特色文化。不管是物质文化、制度文化、行为文化，还是精神文化，都在本质上，对学生的情感、态度和价值观有着润物细无声的作用。学生在经过学校文化尤其是精神文化的“无声之教”之后，潜移默化地生成与学校文化一致的素养。所以，对于教师专业素质的养成，师范院校也必须营造具有师范特色的教师教育文化氛围，使身处校园里的师范生能感到学校内处处有景致、处处有寓意，使学生深受这种深厚文化积淀的影响，在优美的校园环境中得到某种启迪，有所感知、感悟，做到明理与践行。

总之，好教师是长期修习、历练、沉淀、聚变与累积的结果，这是规范和指导教师教育的根本规律。师范生能力素养提升（养成）教育，不但有利于师范生个人成长成才，而且对中国教育的未来发展具有长远影响。

第二章　师范生的职业道德及其养成路径

职业道德是师范生教学能力与专业素养提升的前提，如果师范生职业道德缺失，那么一切都无从谈起。本章为师范生的职业道德及其养成路径，包括师范生职业道德概述及师范生职业道德养成路径。

第一节　师范生职业道德概述

师范生应具有的职业道德，也就是师德。实际上，在前文本书对教师专业素养的定义中，是囊括职业道德的，即“专业情怀”，然而，由于职业道德（师德）太过重要，故而本书特将其放在首位进行单独阐述。

一、师德的内涵、特点及意义

（一）师德的内涵

师德是生活中耳熟能详的词语，特别是近几年，随着社会对教师职业素质的广泛关注，师德已经成为社会关注、国家重视的教师素质之一。

对于师范生来说，从决定想要成为教师的那一刻起，就需要在职业道德素质方面时刻高标准严格要求自己，让自己拥有优良师德。如果师范生在师德方面有所欠缺，那么即便其掌握有再高超的教学能力，从一开始也是失败的——缺乏职业道德的教师，不但不可能完成育人重任，甚至可能会误人子弟。

那么，究竟什么是师德，师德具体包含哪些内容呢？

对师德的不同理解有其历史渊源。从中国古代传统来看，只有德才兼备的君子、圣人才能做教师，因此在我国历史上，教师本身就是内外兼修、内在成己、外在德人的。古代人认为，师德是教师道德的渊源，只有道德高尚之人才可以做教师，道德高尚是做教师的必要条件。到了近现代，我国开始模仿西方建立完备的学制体系，师范教育出现并开始专门培养教师，教师被认可为一种专门的社会职业。既然是一种专门的社会职业，那么肯定就有属于这个职业的社会规范，因此又产生了师德是教师职业道德的理解，实际上这是现代社会职业规范化的一种体现。

事实上，对于师德的内涵，学界一直存在争议，有的观点认为师德就是教师道德；还有一种观点认为，师德是教师职业道德。这两种观点虽然对于师德的含义的解释只有两字之差，但显然意义不同。具体来讲，教师道德就是指教师个人的道德，实际上，教师除了是传递知识的教师这个神圣的职业外，还是社会公民，将教师个人的道德认为是师德，不免有夸大和圣化教师形象的嫌疑，另外将教师看作道德的化身，在无形中也使得教师的道德变得更加泛化，使教师无论是在生活中还是工作中，其所有的道德均考虑到师德这一职业监督之中，这样就会使教师承受过多无谓的道德负担。在这种情况下，师德建设也会受到阻碍，教师们是谈“德”色变，对师德的内容产生困惑，甚至产生抵触情绪，这在很大程度上降低了教师对于师德建设的积极性，严重损害了教师对职业的基本判断和信心。因此，本书比较赞同第二种观点，即师德是指教师职业道德。但是，也不应忽略个人行为道德在专业发展中的基础作用。总而言之，师德就是在教育教学中，教师应当遵守的道德规范，除此之外，还包括教师应该具备的道德观念、道德情操和道德品质。

（二）师德的特点

1. 师德意识具有自觉性

教师的工作以脑力劳动为主，这一劳动方式具有独立性、灵活性和自主性的特点。比如教师是否精心备课、是否认真批改作业、是否公平公正地对待每一名学生等，这些都需要教师自觉完成。此外，教师对学生的影响不仅仅局限于学校范围内，还会延伸至学校之外。这也要求教师要自觉遵守教师职业道德，注重个人道德修养，从而充分发挥教师正向影响力。

2. 师德行为具有示范性

教育是一项以影响人为目的的活动，而教师就是这一活动中主要的执行者，教师通过安排教育教学相关活动，向受教育者传递知识、技能等，除此之外，还会给予受教育者思想品德方面的影响。通常情况下，教师对学生、家长、同事的态度会在潜移默化中影响班级中学生的待人处事态度。举个例子来说，教师能否在对待班级中的所有学生时做到公平公正，能否用爱心、耐心和责任心给予每一位学生同等的关注等，这些都会在潜移默化中对班级中的学生进行影响，如果答案是肯定的，那么这个班级的学生普遍的待人方式会比较友好。如果答案是否定的，教师不仅不能够对班级中的学生一视同仁，相反还给学生贴上各种标签，对班级内顽劣的学生进行边缘化，那么这个班级的学生在对待他人的时候也会容易区别对待。总而言之，教师在教育教学活动中的一言一行都会在很大程度上对学生产生影响，所谓言传身教，教师的言行和为人处世等都是学生今后效仿的例子。有研究表明，儿童会模仿成人的榜样行为，并且在成人榜样的言和行不一致时，儿童会更加侧重于模仿成人的行为。下面我们举例来说，教师经常教导学生要认真学习、尊重他人，但是在实际中，教师自身却无法做到认真工作、尊重他人，那么学生也不会做到认真学习和尊重他人，相比语言劝导，他们更加关注教师的行为。这些在高校学生中也有所体现，当教师的言行不一致时，他们也是更多地关注教师的行为。因此，我们可以得出，教育的过程本身具有道德教育的力量。如果教师在自己的教学实践中能够遵守教师职业规范，以身作则，自己具备良好的道德观念和高尚的道德情操，那么这将是一种最好的师范教育力量。

3. 师德影响具有深远性

教师在教育过程中践行师德，师德本身就具有较强的示范性，学生会以教师为榜样，学习教师的一言一行。教师工作的对象绝大多数是未成年人，而这一阶段是学生品德发展的关键时期，教师的言行会影响学生品德的形成，学生的品德一旦形成，对他们的一生都会有重要的影响，因此教师师德践行对学生的发展具有深远的意义。

4. 师德功能具有多样性

师德是对教育善恶的体现，具有专门适用性。教书育人是教师的根本任务，教师职业道德的一切要求都围绕这一根本任务展开。

自古以来育人是教师的目的。教师既要教给学生具体的知识，又要培养学生立身处世的品德。因而，师德功能也是多样的，它不仅衡量教师职业行为的善恶及职业能力的高低，而且要求教师在职业活动中对各种关系和矛盾加以协调解决，不断促进教师各方面能力的提升。

（三）践行师德的意义

我们常说，教师是园丁，用知识浇灌祖国的花朵。教师“浇灌”给学生的不仅是知识，还有思想和真理，另外教师肩负着一项重要的时代任务，那就是塑造灵魂、塑造生命、塑造人。所以，教师是教育发展的第一资源，是国家富强、民族振兴和人民幸福的重要基石，也是人类社会的延续和发展不可缺少的元素。师德是教师素质的基础和核心。教师对师德的践行是教师队伍建设的精髓，是教师专业发展不可或缺的组成部分，也是不可替代的教育力量，具有深远的意义。

1. 践行师德是教师队伍建设的逻辑起点

21 世纪，国际教育委员会认为：“教学质量和教师素质的重要性无论怎么强调都不过分”“提高教师的素质和能力应该是所有国家优先考虑的问题。”① 从新世纪发展的趋势来看，教育质量与教师素质已经被提上国家战略发展的地位。2014 年教师节前夕，习近平总书记在同北京师范大学师生代表座谈时指出：“国家繁荣、民族振兴、教育发展，需要我们大力培养造就一支师德高尚、业务精湛、结构合理、充满活力的高素质专业化教师队伍，需要涌现一大批好老师。”②

为深入贯彻落实党的十九大精神，造就党和人民满意的高素质专业化创新型教师队伍，2018 年国务院出台了《关于全面深化新时代教师队伍改革的意见》，文件中指出，教师队伍建设具有重要意义，在改革中应当坚持突出师德的原则，并强调要着力提升思想政治素质，全面加强师德师风建设。

教师是教育事业发展的推动者，教师要能明晰自身社会角色和责任，遵守职业道德规范，愿意做学生成长道路上的引路人，应能在教育工作中找到社会价值感和个人价值感，并乐于为之终身奋斗。因此，师德是教师社会价值发挥的前提条件，是教师队伍建设之要义。师德是教师职业得以维系的根本所在，是教师专业发展的应有之义。教师的师德水平指导着教师的教育实践，影响着教师在教育领域的行为选择。教师只有具备良好的师德，才能正确地选择自己的教育行为，处理和调节好教育领域的各种关系，自在应对教育过程中的各种矛盾和冲突，保

① 康建朝，李栋．芬兰基础教育 [M]．上海：同济大学出版社，2015.

② 人民网．习近平同北京师范大学师生代表座谈时的讲话 [EB/OL].（2014-09-10）[2022-03-25]. http：//politics. people. com. cn/n/2014/0910/c70731-25629093. html.

障教育工作顺利进行并且富有成效。

同时，良好的师德是教师奉献于教育事业的持久动力。一个拥有良好师德的教师，会深刻理解个人肩上的社会责任，把个体自我价值实现与社会价值实现进行高度统一，全身心投入教育事业，为国家的繁荣与发展贡献自己的力量。有鉴于此，师德无疑是“高素质专业化教师队伍”的建设要义，是国家教育事业发展之根基。

2. 践行师德是教师专业发展不可或缺的内容

现代社会，教师在职前必须经过专业化训练，经过一定的考核评估方可承担育人角色。然而在人类教育最初出现时，一般是由年长者承担教育任务，把与生产生活相关的经验传递给年轻一代。进入奴隶社会后，教育成为少数统治阶级子弟的特权，而承担教育任务的基本是社会上的博学之士和智者。随着第一次、第二次工业革命的开展，普通大众的劳动素质已经不能满足飞速发展的社会需求，义务教育开始普及，大批量的人接受教育意味着需要大批量的教师，在社会发展的迫切需求之下，师范教育应运而生。师范教育主要是为基础教育专门培养教师的，至此，教师教育步入专门化发展之路。

随着社会的发展，对人才质量要求也不断提高，社会对教育的要求不断提升，终身学习已经成为个体发展的必然趋势，而作为教育者的教师更应率先成为终身学习者，教师教育因此也走上专业化道路。为满足社会发展需求，教师素质备受社会关注。各个国家在教师专业标准中对教师专业素质都有系统、详细的要求，并且会依据标准对教师素质进行严格考核，而师德就是教师专业素质中不可或缺的内容。

教师每日和学生在一起，能有幸成为学生成长路上的见证人，并能深切感受学生成长的点滴变化。在这一过程中，教师能体会到教育工作带来的成就感与幸福感，愿意把教师职业作为自己毕生的职业追求，认真履行教师的社会责任，充分发挥自己的才干。全国十佳师德模范、南京浦口区行知小学校长杨瑞清老师从师范学校毕业后主动申请到乡村做教师，扎根乡村教育事业。正是因为作为一名师范生，他深受陶行知先生感染，立志要像先生一样为乡村教育作贡献，同时作为一名教师，他始终坚持自己对教育事业的执着追求，深深明白自身的教育责任，从而甘愿扎根乡村无私奉献。

教育的情景是复杂并且多变的，主要表现在两个方面：一方面体现在学生群体的变化以及学生成长的时代背景的变化；另一方面还体现在社会环境是变化的。而教育的复杂性对教师的教育教学水平以及道德素养都提出了较高的要求。教育情景的复杂性要求教师若是想要是自己的教育行为不仅符合社会基本要求，还能更好地履行自己的职业责任，就要用先进的、科学的教育理念来武装头脑。

3. 践行师德是一种不能替代的教育力量

现代社会，个体的成长离不开学校教育，学校教育的对象主要是青少年，他们正处于身心发展的关键时期，具有较强的模仿能力和可塑性。教师们是青少年在学校共同生活最多的群体之一，他们的言行会成为青少年学习模仿的素材。

教师个人的道德品质示范对于学生具有重要的影响力。教师在教给学生知识的同时，其言谈举止潜移默化地影响着学生，教师自身的价值观、世界观和人生观通过教师的言行影响着学生，这种隐形力量塑造着学生的人格和道德品质等方面。

同时，教育本身是一个人与人互动的过程，其中教师按照教育伦理规范要求，创造条件促进每一个年轻个体的健康发展，教师在教育日常中尊重每个学生，公正对待每个学生本身就是道德示范。而要保证教育过程是道德的，关键还依赖于教师的师德。如果教师能公正、公平地对待学生，信任学生，学生就能在学校中获得最基本的安全感，从而有利于学生的身心健康发展。

4. 践行师德是教师教学路上的激励动力

所谓师德，就是社会对教师所提出的道德层面的标准和要求，这也是教师所必须具备的职业素质，它有助于唤起教师的主动性、创造性和积极性，促使教师加强自我修养和自我完善，培养教师自我发展的意识，从而鼓励教师自觉地做好本职工作。一方面，社会通过评价、激励以及树立榜样等手段，来构建理想的教师职业人格，并借助社会舆论的影响，促使每一位教师在工作过程中，努力追求高尚的职业品格；另一方面，当教师能够深刻理解教师职业道德规范，并且能够自觉地遵守和掌握时，便能够构建自我约束的动力系统；另外，教师在教学实践过程中，随着经验的积累，会不断认识新的职业道德规范，自身的品格不断提升，逐渐地，教师职业道德将成为教师的精神力量，引领教师、学生以及家长不断追求正能量。

5. 践行师德是教师调节关系、化解矛盾的强大指引

在践行师德的过程中，教师可以通过教育、评价、沟通等媒介，对自己与他人、自己与社会交往关系中的行为进行指导，调节好教育过程中的各种关系和各种矛盾，选择合理、正确的职业行为，从而调动自身的积极性和创造性，促使自己高质量地完成教书育人的工作。这里所说的调节包含两个方面的内容，一个是外部调节，一个是内部调节。所谓外部调节，就是利用师德规范的外部要求，借助于社会舆论和风俗规范进行调节；而内部调节则是依靠教师内心的职业信念和道德追求来进行。

在当下社会，功利主义正在侵入人的内心，很多教师会面临“义”和“利”的取舍，面临着行为动机上的心理冲突，以及行为表现上的角色冲突。而教师职业道德能够指导教师正确处理各种矛盾，选择正确的职业行为，从而保证教师的教育工作顺利开展，提升教师的道德修养。

二、师范生职业道德指标体系

我们将从师德规范与教育情怀两个方面深入解读师范生职业道德指标体系。

（一）师德规范

如果把师德规范的描述进行逐层分解，可以分为三个层面：（1）认同社会主义核心价值观；（2）以立德树人为己任；（3）遵守职业规范。这三条是从社会使命、教师职责、职业规范几个方面来深入展开的。一名教师，作为国家育人工作的主体，对国家主流价值观的认同是基础前提，以立德树人为己任是根本要求，明晰教师职业规范、依法执教是最基本的要求。

1. 认同社会主义核心价值观

一直以来，我们习惯把教师比作人类灵魂的工程师，那是因为教师不仅承担着传授文化知识的重任，还承担着人格培养的重大使命。而作为教师，要想成长为优秀的教育工作者，其自身首先要获得良好的教育，要承担起传播先进思想文化的重任，努力做好学生成长路上的引路人。好的思想理论可以深入人心，促使人们追求真理，帮助人们解决问题。作为教师，必须要深刻理解和掌握社会主义核心价值观，能够对社会主义核心价值观内在的真理性、科学性和权威性有正

确的认识。只有达到这样的要求，教师才能够有效地向学生传播社会主义核心价值观。

2. 以立德树人为己任

在我国，古人在关于人生的论述“三不朽”中将立德列为首位，立德是人生的最高境界。

立德是在我国传统文化的土壤中发展起来的，立德树人是我国当代教育改革发展的根本任务，是教育改革发展的核心价值追求，是对所有教师的共同要求。教育作为培养人的实践活动，其根本目的本来就是促进人的不断发展和完善，因此把立德作为教育工作的根本任务不仅是文化传统精髓的体现，也是教育本质的基本体现。

3. 遵守职业规范

教师是现代社会中的一个至关重要的角色，作为教师，必须要发挥特定的社会功能，担当起相应的责任和义务，为社会发展提供优质的教育服务。教师职业规范的一个重要作用就是对教师的教学行为进行约束，督促教师正确、顺利地履行自己的职责，提高教育服务的水平。职业规范的重点在于对教师的行为进行引导和监督，为教师履行特定的社会责任指引方向，从而使教师更好地发挥其社会价值中的指引作用。作为教师，必须对教师职业规范的含义和要求有全面的了解和深刻的认识，这样才能恰当地处理教育过程中出现的各种问题。教师只有严格地遵守相关的法令法规和职业准则，才能正确认识自己的行为，知道自己的哪些做法符合社会对教师职业的期望，哪些做法是不符合社会期望的，进而不断改正和优化自己的职业行为。

因此，教师遵守职业规范既是社会需求的体现，也是教师高效、正确履行社会职责的保障。

概言之，师德规范是教师应当遵守的最基本的要求，一名教师在步入职业领域，履行其职业角色前，首先对自己的国家的主流价值观必须要认可。教师是社会的代言人，其教育教学中传递的知识、价值观等代表着社会对个体的客观需求。如果教师本人都不认可国家主流价值观，又如何能做到传递价值观并塑造人呢？教师是国家教育的主导者，肩负国家发展大计，他们应当认识到自己肩上责任之重，如果不能以立德树人为己任，国家社会的发展将无从谈起。步入职业领域，必须遵守职业规范，这是职业过程最基本的要求，什么可以做，什么不可以做，只有明晰界限才能在教育之路上勇往直前。

（二）教育情怀

若对教育情怀进行分解，可以分为如下四个层面：（1）强烈的职业认同；（2）关爱学生；（3）用心从教；（4）加强自身修养。

1. 强烈的职业认同

所谓职业认同，就是个体对于自己所从事的职业的目标、社会价值的看法，与社会对该职业的评价和期望相一致。

教师跟其他职业不同，有着一定的特殊性。教师职业的工作对象是人，职业的主要任务是培养人、发展人，从这一点来看，教师这一职业有着非常重要的社会价值。从宏观的角度来说，教师这一职业对发展人类社会、延续人类文明做出了卓越的贡献。无论是社会发展的哪个阶段，要想把前人创作的文明成果传承下去，就必须要通过教师。而从微观的角度来说，教师职业在很大程度上影响着年轻一代每个人的发展和幸福。在现代社会，每个人都有接受教育的机会，而知识经济已是社会发展的重要趋势，在这样的背景下，一个人能取得怎样的发展，取决于他所接受的教育，也就是取决于教师。如果没有教师的悉心栽培，年轻一代就无法有效地掌握前人积累和创造的知识文明。特别是在当下信息时代，教师的引导更是不可或缺。作为现代社会的教师，要充分认识到教师职业的特殊意义，认识到自身对社会发展以及学生个人发展所起到的重要作用，认可自身的职业价值，然后用认真、积极、负责的态度来对待工作。

2. 关爱学生

学生是整个教育过程中的重要主体，没有学生，也就没有教师和学校，所以作为教师，必须要关心学生的学习诉求和学习体验，要关心和爱护学生。学生是尚未成熟的合体，具有发展的“未完成性”，他们要想获得成长，必须接受后天的学习。然而人类的文化遗产浩如烟海，十分丰富，人的生命却极其短暂，所以学生学习不能仅靠个人的努力，需要有一个专业的引导者来带领。教师作为引路人，要以学生的发展为宗旨，要给予学生尊重和关爱，积极为学生创造有利的条件，促进学生成长和健康发展。

3. 用心从教

任何一种职业，都需要从业者用心去做好。如果从业者在工作的过程中，没有认真严谨的态度，没有积极性，那么很难取得较好的工作成果。作为教师，要全心全意地对待学生、对待教学工作。教师只有专心于教育教学，才能认真履行教学职责，才会花费更多的时间和精力来钻研业务，努力提升自己的教学水平。并且，教师对学生还要有爱心和责任心，要尽心尽力呵护学生的成长。在教育教学过程中，教师要耐心、细心地对学生进行教导和引导，还要根据学生的需求，提供有针对性的帮助。

4. 加强自身修养

师者，所以传道授业解惑也。授业首先要求教师具有扎实的学科素养，掌握系统完备的学科知识以及教育、教学相关知识和技能，这是授业之基础。其次，教师还要有基础的自然、人文学科素养，这是教师授业过程的强力支撑，它们决定着学生是否能被教师宽厚的人文素养、科学精神和审美能力所折服，乐意接受教师的授业。教师对学生的影响不仅体现在学科知识和专业技能上，还体现在生活态度、心理调节能力和礼仪规范等方面。教师若对生活充满热情，其积极乐观的生活态度会潜移默化影响学生，他们在生活中的一言一行都被学生看在眼里、记在心里。教师注意仪表整洁，语言规范健康，举止文明礼貌，无形中就给学生做了良好的示范。

作为教师，只有深刻领会与认同职业的价值，其对职业的情感才会是积极的，一提到自己的职业，自豪感和幸福感就会溢于言表，教育实践中总是能看到工作的意义与价值，这无疑是做幸福教师的意识前提。当然，仅认同和喜爱职业是不够的，还需要修炼强烈的职业精神，驱动自己在教育实践中去实现职业价值。教师的职业价值在于做学生的引路人，每个学生都是独特的个体，但他们又是尚未成熟的个体，他们需要教师以父母仁爱、责任之心对待他们，认真对待他们成长过程中的每一个问题，全面促进学生个体身心发展。强烈的职业精神无疑是做幸福教师的实践前提。

第二节　师范生职业道德养成路径

师德作为教师的基础素养，具有一般素养的基本特点，其养成是一个长期渐进的过程。师范生大学四年学业生活的内容主要包含理论课程学习、专业综合实践和校园文化生活等，从这几个方面出发，学校如何构建师德养成的路径，下面将分述之。

一、以知促德——理论课程学习

在新时代，要想加强对师范生的师德教育，首先要加强师德教育系列通识课程的建设，完善以师德养成为宗旨的教育课程体系。师德教育内容是一个相对完整的体系，它是从引导学生产生师德认知开始的。其中，通过理论课程的学习，师范生能够对教师职业道德相关的理论知识产生基本的认识，进而形成对教师职业道德的理论认知。在有了这一基础之后，高校还要加强师德相关的实践教育，引导师范生将课上掌握的知识和理念运用到实践中，从而实现知行合一。

当前，高校基本是通过思想政治理论课和《教育学》等极少的课程来进行师德教育的，从这一点来看，高校对师范生的师德教育是不全面的，导致很多师范生对教师职业道德以及相关法律法规都不了解，这对他们日后走上教师岗位是极为不利的。因此，高校必须加强对师德教育内容的创新和完善，引导师范生全面掌握教师职业道德相关的理论知识。

（一）完善师德教育的课程

在高校的师范生培养方案中，基本都包括了公共必修课、专业必修课和选修课，这些课程对培养师范生的专业素养、综合素质和师德修养具有十分重要的作用。但是，从目前来看，很多高校关于师范生师德教育的课程还不够完善。在公共选修课中，师范生们主要是通过思想政治理论课来接受师德教育，在专业必修课中，则是通过《教育学》《伦理学》来掌握师德方面的知识。但是，专业必修课主要是为了提升学生的专业技能而设置的，在师德培育方面未能起到太大的效果。一些选修课中会有很多师德教育方面的内容，但并不是每一位学生都会选择这样的课程，这会导致部分学生师德教育的缺失。因此，高校必须要认识到这一点，充分利用好公共必修课和专业必修课，加强对师德教育的完善和优化。

1. 公共必修课

思想政治理论课是公共必修课的重要内容，在这门课上，教师要根据师范生的特点和发展需求，采取有效的手段，加强对学生的师德教育。比如，教师可以给学生介绍一些社会上发生的教师失德现象，让学生认识到师德对于教师职业发展的重要性；同时也可以给学生介绍一些优秀教师的事迹，让学生认识到教师这一职业的重要价值，并给学生树立良好的榜样。总之，教师要将师德教育与思想政治理论课充分结合起来，有效提升师范生的政治素养和师德修养，为其日后走上教师岗位奠定坚实的基础。

2. 专业必修课

专业必修课不能仅仅关注对学生专业知识和技能的培养，同样要重视师德教育。所以，在专业必修课中，要增加关于师德教育的内容，比如《教师职业道德》《教育法》《教育伦理学》，目的是引导师范生全面了解教师职业道德的基本规范，掌握教师职业相关的法律法规，进而加深师范生对师德理论的认识。并且，还要增设法治类课程，目的是通过法治教育提升师范生的法治素养，这是他们将来从事教师职业不可或缺的基本素质。此外，还可以增设中华优秀传统文化相关的课程，让学生通过对传统文化的学习，认识到宝贵的中华民族精神和美德，从而提升师德素养，传承中华传统的师道。

（二）加强理论课程教学

“课程是师德培养的基本方法”[①]，师范生通过学习师德教育课程，能够掌握教师职业道德规范的理论知识。但是，当前我国高校的师德课程存在一个重要的问题，即在教育过程中，将理想道德作为课程的主要内容，严重脱离了生活实际，在这种情况下，师范生根本无法达到要求的目标，不能将所学理论运用到实践中去，导致教育停留在认知阶段，无法起到真正提升学生师德素养的效果。

此外，在师德课程的教育过程中，教师所采取的方法也存在一些问题。很多教师习惯于理论灌输，没有顾及师范生的实际需求和学习体验，从而使师生之间产生隔阂，严重影响了师德培育的效果。对此，教师必须根据师范生的特点和实际需求，采取学生易于接受的教育方法，这样才能有效发挥师德教育的有效性。

① 傅维利. 教师职业道德教育指南（第 2 版）[M]. 北京：高等教育出版社，2009.

第一，要根据师范生的现实生活来设置课程内容，避免师德教材流于形式，避免师德教育重教条欠生活。高校和教师要立足于现实，将理想的道德期望跟实际生活结合起来，对复杂的环境和复杂的人性要有正确的认识，考虑到这些因素对学生思想道德的影响。在培养目标方面，不能过分期望学生具备理想的师德素养，而是要致力于对学生道德判断力的培养。也就是说，我们要积极鼓励师范生在学习和工作中践行高尚的师德，但同时也要允许合乎师德底线行为的存在。每个学生的成长环境以及在环境中形成的性格是不同的，这导致他们在师德学习中有着不同的接受能力，所以，师德教育课程内容要以阶梯化和现实化为基本原则，要采取一种由浅及深、循序渐进的教学方式。首先，通过师德教育，师范生要遵守一般的道德，然后遵守社会公德，在此基础之上，才是师德的构建和养成。通过生活化的师德理论课学习，使得师范生树立崇高的教师职业理想成为可能。

第二，教师在教育教学过程中要遵循民主原则。在师德课程的教育过程中，教师要坚持民主原则，也就是尊重学生的主体地位，和学生进行平等交流。只有这样，教师才能真正了解师范生的内心想法和实际诉求，并据此调整教学方法；而师范生也能找到跟老师沟通的渠道，能够主动地表达自己在学习和生活中的困惑，并和老师一起探讨。通过这种方式，能够促使师范生深度参与到师德培育的过程中，主动接受相关理论知识的学习，进而加强师范生对教师职业道德规范的认同。

（三）创新师德教育的课程内容

当今时代，社会发展十分迅速，师德教育同样处于不断变化的状态中，为了适应这种变化，师德教育的内容也要不断更新和完善。要想提升师范生师德教育的有效性，不仅要完善师德教育的课程，还要根据时代要求，对师德教育的内容进行创新。在新时代，我国对教师的职业道德规范提出了更高的要求，相应地，高校师范生师德教育必须融入新的内容，比如“四有好老师”“四个相统一”“四个相服务”，还要将社会主义核心价值观教育充分融入师范生师德教育中去。

另外，师德教育要注重理论与实践的结合，而课程内容创新不仅仅是针对理论课程而言的，实践课程同样需要创新。因为通过理论的学习，师范生只能是对师德有基本的认知，要想做到知行合一，还要借助于实践课程。在实践课程中，教师可以组织学生开展“师德第一课”的宣讲活动，鼓励师范生走进生活，自己去挖掘先进的师德典范，宣传新时代优秀的教师形象，同时也可以鼓励学生参与公益支教，让学生实践过程中真正理解师德、践行师德，培养师范生对教师职业的认同感和社会责任感。

二、以行促德——综合实践活动

（一）校内主题活动

师德教育主题活动不同于课程教育，它有着较强的开放性和趣味性，更容易赢得学生的兴趣，而师范生在参与活动的过程中，能够将自己学到的师德教育的理论知识内化为自身的师德品质，从而提升师德教育的有效性。

1. 阅读经典

阅读是教师最好的修行，通过阅读经典图书，教师的精神世界得以丰盈，其专业发展的眼界更开阔……随着信息时代的到来，人们习惯于声音、图像的刺激。但是，师范生作为未来教师，应把阅读作为一种习惯，花时间静心阅读思考。系统的专业学习能够帮助师范生更好地认识专业，不仅在情感上接纳认同专业，还能通过将专业学习转化为专业实践活动，进而增强职业成就感、荣誉感等；人文、科学类书籍阅读能为师范生打下坚实的人文科学素养，而这些是做教师的基础素养，能拓宽教师专业发展的路径。

高校可以针对不同阶段的学生开展不同类型的书籍阅读活动。比如，对于大一的师范生，可以根据他们已有的阅读经验，列出有助于提升其人文素养的书单，让学生根据自己的兴趣和需求来选择。此外，学校可以定期开展阅读经典交流沙龙，让学生在交流互动的过程中，开拓思维，增长智慧。随着师范生的成长，可以适当给他们推荐教育类经典著作，并组织学生定期展开阅读交流，鼓励学生做好读书笔记，记录阅读感悟。

2. 讲座

讲座是大学内比较常见的校园活动。讲座实际上是一种教学形式，主要通过报告会的形式，由行业专家、学者或社会名人围绕某一学术主题或社会热点问题等展开演讲。讲座的主讲人通过自身的学识、见解等来影响观众，进而起到教育影响的作用。

高校内的很多讲座都是邀请知名的专家、学者来参加，在讲座主题设置上，高校可以根据学校师范生师德发展的需求，组织开展师德系列讲座。知名的专家、学者可以从专业学术角度来宣讲师德于教师专业发展的重要意义和作用等。学校也可以组织开展优秀教师师德报告会、先进事迹宣讲会等，邀请一线教师中的师德模范或者师德标兵等讲述个人专业成长历程等。师范生应积极参加报告、宣讲活动，把这些先进优秀代表作为自己的职业榜样，向他们看齐、学习。

3. 师德知识竞赛

高校之所以要对师范生加强师德教育，就是为了培养出符合社会期望的优秀人民教师。为了达到这一目的，高校可以开展一些具有教师特色的实践活动，强化师范生对于教师职业的情感认同。比如，可以组织师德论坛和教育法律知识竞赛等活动，让师范生在参与活动的过程中，更深刻地理解师德内涵，丰富教育相关的法律知识。此外，还可以组织教师职业道德知识竞赛、师范生和老教师的谈心交流会、以教师职业道德为主题的征文活动等，目的是进一步强化师范生对教师职业道德的认同感，并树立崇高的职业理想。同时，也可以围绕教师的基本技能来开展一些竞赛活动，比如说课比赛、讲课比赛、课件制作比赛等，这样可以充分利用青年师范生的好胜心理，让他们在比赛的过程中努力提升自己的教学技能，增强师范生的教师职业情感，为他们师德的养成奠定基础。

（二）社会教育服务实践

大学本身就承载着服务社会之功能，师范生利用专业所学服务社会，一方面能够强化他们的社会责任意识，另一方面能够让他们通过社会服务体会职业价值感，进而获得职业认同感和荣誉感。一般高校都有青年志愿者服务团体，根据师范生的不同专业，学校可以结合师范生专业学习进度，安排他们参与一些社区教育服务与咨询活动。学前专业的学生，在儿童文学、故事创编等方面有其专业优势，可以引导他们组织社区公益活动，儿童剧表演、绘本阅读表演等既可以锻炼他们的专业基本能力，又可以陶冶他们的教师品格与情操。

此外，学校可以充分利用寒暑假的时间，以自愿为原则，组织师范生到农村中小学或者边远山区的贫困小学进行义务助教。在这个过程中，师范生个人的能力可以得到锻炼，见识可以得到增长，更重要的是，他们会接触到一个自己从未了解过的世界，他们能够切身感受到贫穷孩子对于知识的渴望，从而产生教书育人的职业理想，增强社会责任意识。另外，山区或农村孩子基本都有着朴素、坚韧的可贵品质，师范生在助教的过程中，也会深受感染，从而追求清廉、奉献、坚韧不拔的职业精神。不仅如此，还可以鼓励师范生参与献爱心活动、“希望工程”活动等，让师范生在施予的过程中体会到自己的价值，从而形成善良、仁爱的品性。另外，参加各种社会实践活动，师范生的沟通能力、交际能力都会有所提高，这对他们从事教师职业是十分有益的。因此，高校要大力提倡师范生积极参与各种社会服务，并提供相应的条件，引导师范生在活动中理解师德、深化教师职业情感、树立崇高职业理想，在学习和工作中能够自觉践行教师职业道德规范。

另外，参加支教活动跟参加教育实习有着很大的差别，在支教活动中，师范生一般是没有指导教师的，一切日常教学工作都需要师范生自己来安排，这更有助于提升师范生的教育能力，使其能够积累宝贵的工作经验。在农村或山区支教的过程中，师范生不再是校园里的学生，而是独当一面的老师，在贫困地区艰苦的环境下，面对着一群求知若渴的孩子，大部分师范生都会产生强烈的教书育人的愿望，并从中实现自己的价值，这对师范生提升个人思想境界和道德修养具有十分重要的意义。

（三）分阶段专业实践

按照教学计划，学校一般会给师范生安排两个月左右的教育实习时间。通过教育实习，可以对师范生所学的教育知识和技能进行检验，并让他们在此过程中学会怎样上好一节课。另外，在实习的经历中，师范生能够真正体会到教师职业的价值，从而坚定成为一名优秀教师的信念。因此，师范院校必须加强对师范生教育实习的重视，要跟实习院校做好沟通，给师范生提供更好的实习条件，同时还要注意给师范生配备德才兼备的指导教师，让师范生不仅能够学习教学经验，还能学习到作为一个教师需要具备的优秀品质。

在不同阶段，师德体验与实践内容应当各有侧重。目前师范专业教育实践安排顺序大致分为初级实践和中级实践两个阶段。

初级实践阶段主要以观摩体验为主，主要是指师范生进入幼儿园、中小学这些今后进行教育实践的一线场地，以旁观者身份观察教育、教学活动，对今后自己将从事的工作形成初步认识与体验。这一阶段师范生是旁观者的身份，较少掺杂个人主观情感，故该阶段师德养成内容可以以师德规范学习、评价和树立教师职业理想为主。一方面，师范生在幼儿园、中小学观察到的教师的教育、教学行为本身就是一种动态的、实践的师德规范学习。另一方面，教育这一实践活动不可能完美无缺，总会因教育迫切性或其他原因导致一些“教育失范”，这些行为可能会引发师范生的评价与讨论，这正好是结合具体情境的师德反思能力培养。同时，实践场地有一个个具体的职业榜样供师范生学习，要抓住职业理想树立的关键期。

中级实践阶段主要是参与式实践，在这一阶段，师范生需要在教师的指导下独立完成教学，并完成班级活动的组织与管理。在这一过程中，师范生不再是学习者，也不是旁观者，而是教育活动的主体，他们会获得对教学工作更加真实的体验。并且，在这一阶段内，师范生对师德开始从认知向实践转化，他们会看到自己在师德实践过程中存在的问题。另外，在中级实践阶段，师范生不仅是教育实践的主体，还是教育的研究者，这也是现代社会对于教师的要求。在实践过程中，师范生需要对教育中的问题进行思考和研究，不断追求职业精神的养成，从而提升自己的综合素养。

三、以情促德——校园文化熏陶

为促进师范生师德养成，学校可以优化强支撑课程，并为师范生提供实践平台，让他们能够通过实践提升师德水平。当然，仅有这些硬件的师德养成条件还不够，学校还应当注重师德养成的氛围营造，即营造良好的学习、德行氛围，给师范生浸润式的师德影响，潜移默化地影响其师德发展。

（一）经典电影展播

国内外教育经典影片不少，作为年轻人喜爱的一种媒介形式，电影展播可以被作为一种文化熏陶活动引入师范生的校园生活。教育经典影片大都以校园、教师与学生的生活等为主题，以故事的形式向观众展示教育生活，并引发观众思考，影片内容多数温暖、励志，能启发人们对教育进行深层次的思考。

教育类经典奠定基本都是很早之前发行的，当今时代的师范生很少接触这些影片。但很多教学类的教师在成长过程中都接触过这类影片，对于新出的教育类影片也能进行专业辨识，能够从中找出适合师范生观看学习的资源。而教育管理类的教师擅长组织学生活动，所以可以根据教学类教师提供的电影资源来组织影片展播活动。此外，还可以以沙龙的形式组织学生观影并交流感受。这样的活动一方面可以锻炼师范生独立思考的能力，还可以从情感上强化师范生对教师职业的认同，使他们对教师职业道德有更深的认识。

（二）阅读沙龙

教育经典著作数量颇丰，平时很多教师会推荐给师范生阅读。在当下的媒体时代，一个人静心阅读一本书具有挑战性，可组织成立阅读沙龙或者读书小组，形成群体阅读氛围，定期的交流也会促进和监督个体阅读，缓解个人读书压力。阅读沙龙可以分种类。教师在每期沙龙开始前两周或一个月时间告知交流的著作及主题，对著作可以提供导读单或者提供合适的拆书稿供师范生参考。每次交流活动的记录，每个师范生的心得体会都可以有过程性记录，待到一学期的沙龙结束后可以将过程性资料交还师范生。持久坚持的过程不仅磨炼师范生的耐心、钻研精神，而且经典著作阅读拓宽师范生专业基础和眼光，丰富了他们的职业理解与认知。

（三）师范生成长小组

师范生要对自己的专业有全面且深入的了解，并对自己的专业成长做出合理规划。但是在专业学习和实践的过程中，师范生会遇到一些难以解决的问题，这就需要有专业教师的指导和帮助。

在师范生刚刚入校的时候，学校应该组织相关的活动，给师范生提供导师的资料，让师范生自行选择，另外，还要了解师范生的成长需求，并将这些内容提供给导师，让师生在互相理解的基础上双向选择。如果师范生在学习过程中遇到问题，可以及时向自己的导师倾诉，求得一些建议和指导。同时，作为导师，也可以根据自己负责的师范生所遇到的共性问题，跟其他教师进行探讨，探索最佳教育手段，一起帮助师范生健康成长。

（四）打造校园德育氛围

在师德教育中，学校占据主导地位，学校如果对师范生使得教育没有予以足够的重视，那么师范院校师德教育的开展必定寸步难行。自改革开放以来，“以经济建设为中心”成为社会发展的主要诉求，“效率优先”和“技术主义”成为社会的普遍追求。在这样的时代背景下，教育也受到影响，导致师范教育特别重视对师范生教育技能的培养，忽视了师德的培育，这导致整个学校缺乏师德培育的氛围，这对师范生未来的职业成长是极为不利的，甚至会影响我国教育事业的发展。

彼得斯说：“不管你愿不愿意，每位老师都是德育教师。”① 教师总是在教学或其他教育日常互动中传递着道德信息，这就要求教师，特别是师范专业的教师要格外注重自身师德修养的提升，因为他们的一言一行都在潜移默化地影响着未来的教师。学校要注重营造良好的师德师风建设环境，学校要营造出“尊师重教”“为人师表”的良好风尚，结合师德规范，组织学生评选教师中的优秀代表，积极营造良好的师德教育环境和氛围。

① （英）彼得斯（Richard Stanley Peters）. 道德发展与道德教育 [M]. 邬冬星译，杭州：浙江教育出版社，2000.

第三章　师范生的教学能力及其养成路径

教学是教师的教与学生的学所组成的有目的地培养人的活动，旨在传承文化知识、引领学生全面发展。其中，扎实掌握教学能力是教学的前奏，是师范生在知识、能力和技术上历练并达到能够教学的过程。本章重点从三方面对师范生的教学能力及其养成路径进行阐述，分别为师范生的教学技能、师范生的教学管理能力、师范生的教学科研创新能力及师范生教学能力养成路径。

第一节　师范生的教学技能

一、教学与教学技能概念

（一）教学的概念

“教学”这个词语在中国很早就出现了。《学记》中记载：“是故学然后知不足，教然后知困。知不足，然后能自反也，知困，然后能自强也。故曰：教学相长也。”① 在这里，“教学”指的是把“教”与“学”进行简单的组合，具体指的是两方面：一，教育别人；二，自己学习。根据《现代汉语词典（第 7 版）》可知，“教学”是教师把知识、技能传授给学生的过程。这个概念将教学的内容和主客体进行了比较宽泛的界定。

教学活动是具有目的性、计划性和组织性的。在教学过程当中，教师担当着组织者、引导者、促进者和研究者的职责，而学生则是教师教学活动的客体以及自主学习、自我发展的主体。所以，教学是一项内容复杂的特定活动，需要师生深度进行交流。教师依照设定的教育目的、课程教学目标以及教学方案，同时遵循学生的身心发展的规律对学生进行引导，使他们能够发挥主观能动性，自主地

① （西汉）戴圣编著．礼记 [M]．张博编译，沈阳：万卷出版公司，2019.

进行学习和构建科学文化知识体系，并且使他们的智力、体力和技能都得到逐步的发展，使他们的品行符合社会的规范以及使他们具备感受美和表现美的能力，最终实现学生素质全面发展的目的。

在我国，教学以“培养德智体美全面发展的社会主义事业的建设者和接班人”为目的，在师生双向互动的交往与对话中发挥学生的主体性、能动性和创造性，通过直接的教学活动使学生获取间接的历史文化经验和技能，将掌握知识与发展智力、德行、体力、美感融为一体，遵循社会要求、知识体系和学生的身心发展规律。

（二）教学技能的概念

心理学和教育学对“技能”的内涵有着不同的理解，在心理学中“技能”即指个体通过实践练习，运用已获得的知识经验，将知识内化为智力动作和肢体动作方式的一个复杂的系统。

教育学中将“技能”定义为，基于已有的教育理论知识和教学经验，通过教学实践活动来完成特定教学任务、实现教学目标而形成特定教学技能的活动方式[①]。

这本书里提到的教学技能，指的是教师根据所掌握了的教学理论知识，不断地进行练习，最终形成的一种稳定且庞杂的教学动作体系。它包括初级教学技能和高级教学技能（教学技巧）两个方向，其中初级教学技能是在教学理论基础上，不断地进行反复练习和模仿而形成的教学模式；而高级教学技能则是指在教学理论基础上，不断地进行反复练习，最终使教学活动方式达到自动化水平的教学模式。

二、教学技能的特点

（一）外显性与内隐性

对于教学技能来说，单从其本身的特点来看，它具有显著的外显性和内隐性。其中，外显性即外部彰显性，可以被观察和被模仿是它最突出的特点。师范生可以对优秀教师的教学行为进行观察，并进行学习和模仿，从而可以学习到相应的

① 顾明远．教育大辞典 [M]．上海：上海教育出版社，1998.

教学技能。其原因是教学技能当中包括的程序具有一系列的操作性。例如，师范生可以学习优秀老师在课堂上如何利用语言、表情、姿势和提问等方式对学生循循善诱、答疑解惑，最终实现很好的教学效果，从而在学习之后提高自己的教学技能水平。

同时我们也需要注意，教学技能属于一项高级技能，他离不开个体的主观能动性。外部的行为方式只能代表是否形成了技能，但是能力和倾向的变化才是技能发生和变化的内部原因，这也就是教学技能的内隐性的体现。个体先认知到教学技能的内隐性，然后使它通过外显的形式得以表现，所以强烈的个人风格就在教学技能中也得以体现。一般情况下，师范生在观察和模仿优秀老师教学的过程中，需要将教学技能转化为自己心理层面的认知技能，而非简单机械化地进行模仿。这样一来，就可以根据具体的教学情境，选择恰当的教学方式，采取合适的教学技能，使教学效果达到最优。

（二）情境性与实践性

就教学技能来说，从其规律的形成来看，它具有情境性与实践性。其中，教学技能的情境性指的是，在教学过程中，教学技能表现为一种具体的、可操作的行为，不同的教学情境下其表现也不相同，并且还会根据不同的情境而产生变化。如果不谈使用教学技能的教学情境，而单独只探讨教学技能的话，那么教学技能里只会留存一些机械的、框架式的要求。教学技能的情境性使得师范生无法在脱离具体的教学情境下还可以学习到教学技能。如果不让师范生处于教学情境当中来学习教学技能的有关知识，那么即使这些理论知识再丰富、他们掌握的程度再高，也无法使教学技能被他们熟练地掌握。

教学技能的实践性是指，在教学过程中，想要真正掌握教学技能，个体不仅要参与其中，还要从中学习。这个特点决定了师范生必须经过不断的反复练习和训练，才能真正地掌握好教学技能。这种练习和训练的过程是需要很长的时间，并非短期就能完成。教学技能并不是在学习某些课程或者在学生试讲几次之后就可以完全掌握的，其中有一些甚至需要在整个教学生涯当中一直反复学习和训练。

因为教学技能有情境性，所以需要高校在培养师范生的教学技能的时候重视创设情境，例如适当地播放一些优秀的、有经验的教师的课堂教学视频，来帮助师范生更好地感知真实的教学技能实施的情境。

同时，因为教学技能有实践性，所以也需要为师范生多提供一些实践的机会，例如到中小学参观教学过程等，以此来提高师范生的教学技能水平。

三、教学技能的形成

一般情况下，技能可以分为两大类：动作技能和心智技能。在教学技能中，类似于板书技能一样的技能倾向属于动作技能，类似于课堂教学评价这样的技能倾向属于心智技能。不过，可以看到的是，作为教师的活动方式，为了使教学任务完成，教学技能会有不同的表现方式，有时是操作活动，有时是心智活动，还有时是操作活动和心智活动融合的方式。

在形成教学技能的过程中，师范生需要学习理论和进行教育实践，正确认知教学技能，同时还要内化学到的教学经验，并能够对不同的教学情境做出不同的反应。简单来说，这个过程其实就是教师从不知道怎么教学生转化为知道如何进行教学的过程。它可以被分为四个层次：知觉、模仿、操作、熟练，且这四个层次之间存在着递进的关系。

在一些学者看来，可以把养成教育技能的过程分为以下四个阶段：定向阶段、模仿操作阶段、整合阶段和内化熟练阶段。还有一些学者把教学技能看作是一个长期的过程，在这个过程中，它由教学技术发展到了教学艺术，这个过程也可以被分为四个阶段，分别是：模仿性阶段（从教学技术转变为教学技能）、独立性教学阶段（从教学技能转变为教学技巧）、创造性教学阶段（从教学技巧转变为教学技艺）以及风格化教学阶段（从教学技艺转变为教学艺术）。

这本书将以上这些学者的观点进行了综合，认为教学技能的形成可以分为以下四个阶段：第一，认知阶段；第二，模仿操作阶段，第三，操作整合阶段；第四，操作熟练阶段。

（一）认知阶段

首先，认知阶段指的是，师范生将有关教学的理论知识进行系统的学习，并且对优秀的教师教学行为和教学经验进行学习，在此基础上内化理论知识，定向教学技能的学习和训练，明确教学技能的内涵以及训练教学技能的方法。例如，在编写教案时，师范生首先需要将编写教案的一般流程了熟于心，然后学习和借鉴优秀老师编写好的教案，直观地对教案进行认识，最终明确地了解教案如何编写。

（二）模仿操作阶段

其次是模仿操作阶段。在这个阶段里，师范生要对优秀教师或教学专家的教学行为进行学习和效仿，对教学活动的过程产生实际感受，并且要经常照葫芦画瓢地进行尝试和实践。比如，在学习编写教案的过程中，师范生虽然已经知道了编写的流程，但却总是要参考和效仿其他教师的教案，无法独立地将教案编写出来。

（三）操作整合阶段

再次是操作整合阶段，指的是通过仿效、感悟，师范生可以做到按照一定的操作顺序，将构成教学技能的多个要素组合在一起形成一个有序的整体，同时可以独立地进行教学。不过，由于在教学过程中需要对教学技能进行综合地运用，所以，对于教学技能的整合应该是把各种单一技能整合在一起。在这个阶段中，师范生需要明确并且成功执行不同的教学程序，初步内化已有的认知和已掌握的教学技能，较为协调和稳定地实施教学技能。

（四）操作熟练阶段

最后一个阶段是操作熟练阶段。在这个阶段中，经过进行各种长期独立的教学活动，教师已经形成的一个完整的自动化的教学方式。这种方式有很高的适应性，可以较高速度、准确、流畅地进行各种动作和行为。这个阶段也标志着教学技能的形成。例如，经验丰富的教师会在教学过程中根据不同的因素，如教学内容、学生学习的状态以及知识的掌握程度等等，及时且准确地对教学的进度进行调整。教师如果可以做到这一点，就说明该教师已经非常熟练地掌握了教学技能，并且达到了自动化水平。

如图 3-1-1 所示，形成教学技能的过程如下：

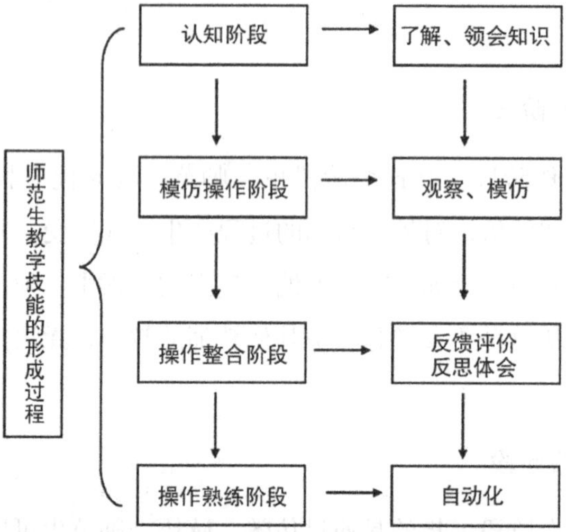

图 3-1-1　师范生教学技能的形成过程

四、师范生应掌握的教学技能

如前所述，技能的分类为动作技能与心智技能，因而师范生应掌握的教学技能也同样可依此分类。

（一）教学动作技能

1. 课堂板书

（1）掌握板书技能的意义

虽然现代化教学手段已经非常先进，技术的力量也很强大，但是影响教育过程和教育结果的主要因素始终还是教师的面对面的启发、引导、讲解等。因此，掌握板书技能对于师范生来说依然非常重要。

板书书写能力大体有以下几方面作用。

① 促进有效教学。教师书写的粉笔字质量和板书的科学性与艺术性，直接影响到教学内容的表达、教学效果的好坏。

② 启迪学生思维。独具匠心的板书设计往往能够解剖典型知识，展示思维过程，方法掌握与能力训练自在其中。

③ 提高学习兴趣。潇洒漂亮的书写，美观醒目的板书，会让学生对老师肃然起敬，激发学生的学习兴趣，增强学习的吸引力。

④ 榜样示范作用。教师板书书写能力能够反映一个教师的治学态度，漂亮流畅的书写是展示教师人格魅力的一种重要辅助手段。因此，板书书写能力作为教师（以及未来教师——师范生）的教学基本功之一，将会与现代化教学手段长期并存，互相补益。

（2）板书技能要求

① 内容精练，形式准确，具有科学性

内容精练指教师在深刻理解和钻研教材的基础上，能够采用凝练的文字和简明的图形、符号来表现教材最本质、最主要的内容。形式准确、强调表达教学内容的各种信息符号是恰当合适的，做到用词精当，图表规范，线条合理，给人一目了然的清晰简明感。

② 形式多样，美观实用，具有艺术性

教师应根据教学内容、教学目的、学生年龄特点，对板书设计的形式揣摩斟酌，设计出形式多样、各具特色、趣味横生的教学板书。板书设计既要做到形式美观，还要做到形式为内容服务，做到“中看”又“中用”，实现最佳教学效果。

③ 布局合理，条理连贯，具有计划性

教师板书一定要有规划，文字书写、图表安排、线条勾连都要做到统筹兼顾、合理编排。既要考虑板书内容在一节课内的时间安排，又要充分利用黑板的有限空间；既要考虑内容的整体感和系统性，又要讲求形式的匀称美和平衡感，做到疏密有致，井然有序。

④ 书写规范，字体工整，具有示范性

教师的板书一方面可以对一堂课的教学重点、难点和基本结构进行准确的揭示，另一方面还有着示范带动作用，可以帮助学生养成良好的书写习惯。所以教师板书最基本的要求是必须做到书写规范、整齐，运笔迅速灵活。

总而言之，板书的好坏直接会影响到课堂的教学效果和教师的威信。师范生在练习板书时，需要掌握好板书的各种基本要素，勤学苦练，把基本功练扎实。

看似随意平淡的一笔一画，书写在黑板上，其实都是教师的心血和付出，所以可以把板书设计看作是一门综合艺术，师范生必须把写好板书放到非常重要的位置，勤加练习，掌握好板书书写能力，将来在讲台上才能更好地展现自己的风采。

2. 教学器具与物品操作

在教学过程中，教师需要使用各种教学器具、教学物品。例如，生物、化学学科的教师，就需要懂得如何使用标本、模型、各种实验仪器等；地理、历史学科的教师，就需要懂得如何使用挂图、地球仪等。如果教师自己都对教学器具、教学物品感到陌生，无法掌握操作技能，那么自然不能将知识顺利、高效地传递给学生。因而，师范生在学习过程中要多了解教学器具、物品，懂得如何熟练地对其使用。

3. 信息技术操作

对于新时代师范生而言，信息技术操作可谓是必备技能。立足新时代，我们已然步入信息化社会，信息化资源使教学更便利、内容更生动、容量更饱满。师范生应全力投入到信息技术的学习及其与教学的融合中。

（1）初步掌握信息技术操作技能，优化学科课堂教学

师范生应通过学习和实践，理解信息技术的操作要求，了解信息技术与学科教学深度融合的发展动态，并以案例学习为载体，重点学习掌握利用信息技术进行讲解、启发、示范、指导和评价等教学活动的方法技能，还需要掌握必备的教学软件或设备的运用技能。

现代教育技术的推广应用，使学校里配备的教育媒体不断地更新换代，不再是以前的那些仅限于黑板、粉笔、教棒的教学工具了，取而代之的是现代化的教育媒体，如幻灯投影、电子白板、网络等。

师范生要学会制作Word文档、PPT课件、Excel表格，学会使用CAJ或PDF阅读器、画图软件（几何画板或普通画图）、电子教案制作、Photoshop绘图等软件，学会操作多媒体、计算机、幻灯机、收录机、打印设备、数字化教育平台等。

（2）学会运用信息技术，支持学习设计和转变学生学习方式

在课堂教学实践过程中，师范生要学会运用信息技术，对学习环境、活动和评价进行设计，鼓励学生自主地、合作地、探究地学习，从而提高教学体验和积累新教学经验。

师范生也应该借助信息技术，来进行教学方法的设计和创新，适当地补充课堂内容；通过引入声音、图片、视频和文本等方式，提升学生的课堂视听感受，使得抽象事物变得具体化、形象化、动态化，便于更好地呈现学习资料，使学生的视野更开阔、学习方式转向发现式、探究式，而非被动地接受。

（二）教学心智技能

1. 编写教案

教案是一种实用性教学文书，可以帮助教师开展的教学活动变得更顺利有效。编写教案需要按照课程标准和教科书的要求，针对学生的实际情况，把课时当作单位，对教学内容、步骤、方法等方面进行安排和设计。简而言之，教案其实就是某一科目一节课程的具体执行计划，也可以叫作课时计划。

师范生实际和安排教学活动和教学内容的时候，要以单元或课时为单位，依据不同的课程标准、教材和不同学生的实际情况来开展和进行。

2. 导入技能

导入技能指的是在最开始组织教学活动的时候，或者在教学活动和教学活动之间，教师采取的一种行为方式，目的是吸引学生的注意力、激发学生的学习兴趣、调动学生课堂的积极性以及在活动之间建立起联系。

据现代教育心理学和统计学的研究结果显示，学生的思维活动并不是一成不变的，相反，其水平是随着时间的变化而变化的，学生思维一般在课堂教学刚开始的 10 分钟内逐渐集中，在 10 分钟到 30 分钟内达到最佳状态，随后逐渐开始下降。因此，成功的导入可以将学生在其他课程中的延续思维进行有效消除，以便学生更快地进入最佳心理状态来学习新课程，从而使学生的注意力更加集中、学习兴趣和求知欲被激发、课堂的教学效率提高，最终达到事半功倍的教学效果。好的开始就代表着成功了一半，在心理学上，这种现象被称为“首因效应”。

导入技能在教学过程中发挥着重要作用。因此，师范生必须要具备导入技能，并且按照一定的原则来运用此项技能。

（1）掌握导入技能的意义

①引起有意注意

教师在一节课的开始或学习新内容之前，通过导入环节将学生的无意注意转向有意注意，使与教学无关的活动得到抑制，为完成新的学习任务做好心理准备。

② 激发学习兴趣

兴趣是最好的老师。采用联系社会问题、生产、生活问题来导入课题，能引起好奇心和探究心理，产生急切知道原委的愿望和浓厚的兴趣，自觉地投入到新知识和技能的学习中。

③ 提供必要信息

通过课题导入，教师能够向学生提供必要的信息，给予适当的刺激，引起和集中学生的注意，使学生进入学习准备状态，为学习新课题做好心理准备。

④ 设置问题情境

创设良好的学习氛围，激活学生的思路，激发学生对新知识的学习动机。

⑤ 明确目标

借助课题导入，对新的学习目标、主要内容以及教学活动的方向和方式进行明确，使学生领悟新课题学习的重要性和必要性，从而期待学习新知识。

⑥ 激发学生需要

导入活动过程中，需要不断地强化学生的反应，激发学生进一步参与教学活动。

（2）导入技能需遵循的原则

① 目标性原则

对于课堂教学的导入，需要按照教学目标来进行设计。以教学目标为主，不要强行加入无关的内容、使导语偏离教学目标。要明确导入的目标，加强设置和使用的针对性，直接对应学习的主题。想要完成教学任务，教学刚开始的导语是非常重要的。因此，导入时必须根据教学目标、教学的重难点和学生的情况来进行。

② 衔接性和有效性原则

要从教学内容出发来设计导入，选取的教学内容的部分可以是其重要组成部分，也可以是它的必要补充部分。虽然有的部分从内容的角度看关系不大，但是它们对于吸引学生的注意力、激发学生的学习动机和学习兴趣等方面非常有效且重要。除此之外，也要从教学内容的整体出发来设计导入，使导入能够发挥承上启下、衔接知识点的用途。

3. 讲授的技能

讲授的主要方式是口头教学语言，辅助方式是各种教学媒体，进行科学文化知识的传授、对学生理解、应用教学内容进行引导。讲授的过程中，教师在讲，学生在听。讲授主要是教师借助讲述、描述、释义等方式，为学生讲解客观的现象，帮助他们对事实进行感知、对抽象概念、定理和公式进行理解，从而提高学生各方面的能力，如认识、分析和解决问题的能力等。这样，学生就可以在智力与人格方面实现全面的发展。讲授技能有利有弊，其优点是耗时短，能让学生获得大量的知识；其缺点是缺乏反馈，学生的学习比较被动，且因个体差异而无法让所有学生都被照顾到。

对于师范生来说，讲授技能是所有教学技能中最基础的，也是意义很重大的。只有熟练掌握了讲授技能，才能在以后走上讲台时更好地向学生传授知识。

（1）掌握讲授技能的意义

① 简捷高效

讲授具有花费时间短、容量大、效率高的特点，可以花费较短的时间，给学生传授较多的知识。

② 经济有效

讲授没有太多的限制条件，不用花费太多的时间和力气，非常简便，可以使教学时间有效化。

③ 保证知识的系统性和深刻性

讲授的方式可以帮助教师把知识系统地传授给学生，解释大部分学生都有的疑问。教师对知识理解相对深刻，自身又有丰富的生活阅历，讲解知识时可以把抽象的概念变成具体的东西，把深奥的知识采取通俗易懂的方式来进行讲授。

④ 有利于发挥教师的教育职能

讲授的方式可以帮助教师更好地发挥主导作用，把握教学的重点、难点，控制教学节奏，避免学生走弯路，同时对学生进行情感和思想品德的教育。

⑤ 有助于发展学生的智力

通过有逻辑的分析和论证、设立恰当的疑问以及生动的语言，教师可以更好地主导教学的课堂，提高学生的智力发展。

（2）讲授技能需遵循的原则

①启发式原则

教师要留心到学生的“最近发展区”，善于去设立疑问，引发学生进行思考，同时也要指导学生的听课方法。讲授法的运用不代表着要对学生进行注入式的灌输。在教学过程中，教师要引导学生产生疑问和认知冲动，将学生的求知欲望激发出来、调动其思维活跃性，使学生保持积极的学习态度，发挥学习的主观能动性，和教师做好配合，跟着教师的思维来思考问题，一边听讲解一边进行思考，学习新知识和新的内容。

②精通性原则

精通是指精细、到位地讲授科学概念，尤其是其中一些容易搞混和弄错的概念。要找到合适的方法来讲解晦涩抽象的复杂问题，使之通俗易懂，便于学生理解和掌握。针对每节的课题，教师要对相关的信息进行广泛的搜集，对其中的知识要点进行深入地领会，让这些成为讲授知识的稳定基础，使课堂变得丰富多彩。与此同时，在进行讲授的过程中，教师还要多观察学生的反应，及时调整教学进度。当学生一时间无法理解和掌握教材以及教师的意思时，教师要灵活变通，直至学生最终能够理解和接受。

③感染性原则

如果教师在讲授过程中只是简单地对书本的内容进行复述，机械式地传递知识，那么就无法和学生产生真正的沟通，使得讲授最终变成了灌输。所以教师在讲授时，应该充满感情，以此来带动学生的情感，吸引学生的注意力。教师越富有激情，学生也会越容易受到感染。通过自己对所教学科的娴熟把握，让学生在潜移默化中被真实打动，产生的效果远远强于那些直接说教。而且富有感召力的讲授更容易促进学生对内容的记忆和理解，培养学习的主动性和热情。讲授中的感染性原则，也是教师课堂讲授法教学取得成功的保证。

④科学性原则

科学性原则主要可以体现在三个方面：内容、态度和语言。

内容的科学性：教师给学生讲授的知识必须是准确的，并且可以经受得住实践的检验。教师需要按照教材的内容，认真地学习和钻研知识，把握其实质，做到能够精确地讲解概念、充分地论证原理、严密地推理逻辑以及列举相关的事实等。

态度的科学性：教师要以科学的认识论和方法论为指导，实事求是，从实际出发，树立尊重科学、严谨治学、去伪存真、求实创新的教风和学风。

科学的语言：在讲授过程中，教师使用的语言需要严谨、精确，从而使得表达的概念准确无误；讲授定理公式时，要进行综合的分析和推理。

4. 提问的技能

提问技能指的是在教学过程中，教师创设好问题的情境后提出问题，让学生进行回答，然后对学生的回答给出反应，以此来提高学生的学习兴趣，也可以更好地把握学生的学习状态和学习效果，形成一种使学生期待学习的教学方式。所谓问题情境，是指对学生有一定难度的学习情境，即有一定难度的新学习任务。当学生感到学习内容是新的，学习任务和他们已有的认知结构有一定的距离式空缺时，就会形成一定的矛盾，挑起学生认知冲突，在学生头脑中就会产生填补空缺、平息冲突的愿望。

对于师范生来说，如果只会讲授、不会提问，则其教学技能必是有所欠缺的。师范生要重视提问技能的重要意义，了解提问技能的有关注意事项。

（1）掌握提问技能的意义

① 激发兴趣

兴趣是一种特殊倾向，可以使一个人认识事物以及对某种活动产生爱好。对于学生的学习来说，兴趣是非常重要的。在教学过程中，通过提问的方式，教师可以激起学生的好奇心，提高其课堂兴趣，使他们尝试使用思维来解决问题，从而产生强大的求知欲。

② 集中与引导

提问可以使学生的注意力集中到教师身上，从而使学生的学习效率得以提高。同时，提问可以将课程的主题进行深化，使学生的理解更加深入。因此，恰当的、符合课程要点的提问不仅可以提高学生的课堂兴趣，还可以帮助学生对课程主题形成更深入的认识。

③ 过渡与衔接

教师要引导学生构建知识体系。以衔接知识为目标的提问可以培养学生联系的思维。新颖的提问常常被用于新课的导入，实际上在进行内容过渡时的提问，也能集中学生的注意力，这些问题有时并不需要学生立即回答。

④ 总结与拓展

一节好的课程，少不了一个好的结尾。教师可以给学生们留下一个启发性或发散性的问题，使学生课后进行思考，从而巩固本节课的主题和内容，也能提高学生的创造性思维水平。课程结尾留下的有效设问，还可以对知识点进行归纳、升华和总结。

（2）提问技能的注意事项

提问既然是一种教学技术，就不能像一般人问路那样简单，最起码要体现出精巧之义，使学生于无疑处生疑，于简浅处深入，于细微处开拓，并能做到一波未平，一波又起，达到高超提问的境界，从而收到理想的教学效果。

① 要创设提问的情境

在课堂教学过程中，教师可以创造一些情境，来引导学生发现和提出问题。当代教学的核心教学目标是发展学生的思维，核心育人目标是学生的个性发展和社会性发展（交往实践能力的发展），所以提问这一方式的实施必定要针对这些目标来进行。如此一来，课堂提问就需要承担起师生交流的重任。教师对学生进行提问，可以帮助他们开阔思维、放飞情感；而学生对教师的提问进行回答，则可以将自己的思维进行梳理，并且向着教师的思维体系和精神世界靠拢，拉近师生之间的沟通和交流的距离，

② 因势利导，解决问题

提问不仅限于教师问学生，学生在学习过程中产生了问题也会问老师、问同学。教师应鼓励学生提问，尤其是提出高质量的问题。学生提出的问题如果有普遍意义，又是教学的重难点，就应将问题纳入教学过程，在学到这方面内容时由教师讲解，或让学生讨论。有的学生提出的问题较深，教师在备课时并无准备，怎样才是对的自己也没有把握，此时切不可盲目作答，将不成熟的看法轻率地以肯定的口吻讲出来，可以留下问题让学生在课下思考，当时不做答复。教师课后查阅有关资料，在下节课再宣布正确答案。对脱离教材甚远的问题，可在课余讲给那位提出问题的学生，而不必占用课堂教学时间。

“授人以鱼，不如授人以渔”。在经过长期的观察和发现的积累，对创造意识进行培养之后，创造的灵感才会不断出现。因此，我们要鼓励学生发现问题、进行质疑、独立思考，从而培养学生的创造能力。事先对学生的回答进行预判，

可以帮助教师更快地捕捉和纠正学生错误的观念和理解。教师可以采用归纳和小结的方式来帮助学生找到问题的答案，可以采用试探的方式帮助学生更进一步地思考。其中，对于学生的回答，教师应该采取以表扬为主的态度。

③ 提问语言简洁、明晰

在提问时，教师使用的语言应该简练、清晰，使学生能听明白教师提问的内容以及要求，注意不要使用含糊的措辞。此外，教师的声调应该抑扬顿挫，带有感染力，这样可以使学生集中注意力，引起学生在情感上的共鸣。

④ 准确把握提问的时机

教师一定要在上课之前就设计好在什么时候提问、提问哪些问题。因为如果可以在合适的时机提出恰当的问题的话，可以在很大程度上调动学生的积极性和课堂的氛围，使得教学效果大大增强。研究发现，课堂提问的时机主要有：学生在学习中有所知，有所感，意欲表达交流时；学生在学习中有所疑，有所惑，意欲发问质疑时；学生的学习情绪需激发，需调节，意欲表达倾诉时；学生的自我认知、自我评价、信心倍增时。

在提出问题之后，教师应该进行适当的停顿，以便给学生提供思考的时间。有一些教师在提问之后没有耐心进行等待，总想让学生立刻回答无误，一旦学生无法及时地给出正确的答案，教师就会对问题进行重复或者降低难度，甚至还会让其他的学生代为回答，这些做法完全没有考虑到学生是否具有足够的时间去思考并给出答案。有实验的结果可以说明，如果在提问之后，教师可以留出一定的时间给学生进行思考的话，那么课堂会产生很多不一样的变化：学生回答问题的积极性会提升，随意答题的概率会降低，学生的回答会有更高的准确率，其成就感和自信心会显著地得到提高。

在讲授过程中，教师应该先提出问题，然后再邀请学生做答，这样可以帮助全体学生进行思考。不要先把学生叫起来之后再提出问题。此外，提出一个问题之后，要给予学生一定的时间进行思考，不要催促学生给出答案，以免影响提问的目的和效果。与此同时，教师还要注意观察学生对于提问的问题的反应。例如，学生举手就代表着他对这个问题的把握较大；学生微张着嘴巴，身体向前，眼睛圆睁，头也向上扬起，这说明这个学生有尝试的意愿；听到提问时学生头低下来或者不敢直视老师的视线的话，说明该生对问题的把握不大，一时无法给出答案。

所以教师还应该根据这些反应来确定这个问题的提问对象。提问的速度要根据问题的难易程度进行调整，低难度的问题可以使用较快的提问速度，高难度的问题则要再提问之前稍做停顿，随后再用舒缓的语气仔细地进行提问，随之也要给学生留出更长的思考时间，因为如果以较快的节奏提出非常有难度的问题，学生往往无法快速地给出应答，达不到较好的效果。

⑤ 注意提问的数量，做到精问巧问

教师要按照教学的目标和教学内容的特点，重视关键的重点和难点，采用归纳和综合的方法，尽可能地把提问的问题设计得容量大、定位准，不要设计太繁琐或太直白的问题，以此来提高学生的思维活跃度和学习效率，实现以精确的提问促进深度的思考的目的。

5. 课堂观察技能

课程观察技能是指在课堂教学当中，教师有目的地对学生的认知水平、情感反应和技能掌握等方面进行观察，以便获取课堂的反馈，更好地对课堂教学进行调整。

任何一种课堂观察行为之后，往往都伴随着教师对教学行为的校正或调整。观察技能之所以越来越受到重视，是因为教师掌握了观察技能就可以获取准确的反馈信息，确定下一步教学的行动依据，从而调整自身的授课行为，选取适宜的技能，保持适宜的节奏，进行适宜的变化，保证课堂教学的效率和效果。

师范生要意识到，课堂教学不是自己闷着头讲，一股脑讲完知识要点就可以的，还必须掌握课堂观察技能，从而真正实现“教”与“学”的畅通。很多师范生认为，课堂观察技能就是观察学生情况，再简单不过，实则不然，师范生想要真正掌握这项技能，发挥其功能价值，必须对一些细节多加注意。

（1）掌握课堂观察技能的意义

① 了解学生，是与学生沟通的关键

课堂观察可以体现出学生在课堂上的主体性。通过观察学生的反应，教师可以更好地了解学生的问题和需要，从而更好地挖掘学生的潜力，所以掌握课堂观察的技能对于教师而言非常重要。

② 有效教育的前提，反思教学的动力

只有观察学生的反应，才能更好地深入了解学生，针对学生特点及时调整教学策略，有效地调控教学。优秀的教师善于观察学生，根据学生的反应及时反思、适时调整教学行为，在不断的反思中提升自我，与学生一同成长。

（2）课堂观察技能的注意事项

① 避免光环效应

教师常常会对一些听话懂事、成绩不错的学生有很高的期许，所以给予他们更多的关爱。时间久了，这样的学生的缺点和问题会在光环的笼罩下难以察觉。教师会对这类学生身上出现的问题加以善意的理由，或者直接忽视问题，造成观察的误区。

② 避免思维定式

有些教师可能会有一种定式思维模式，那就是学习好与差的学生都是少部分，大部分的学生都是学习中等的，学习的成绩整体呈现出一种正态分布的结果。这种定式的思维模式会在很大程度上影响教师对学生的评价，以及教师对学生的观察的结果的客观性和公正性，使得观察得出的结论与实际的教学情况并不吻合。

③ 避免偏重成绩

如果把衡量学生优劣的全部标准等同于学习成绩的话，就会把学生的个性特点和学习过程的具体表现忽略掉，这并不是公平的做法。如果一位教师保持着这样的态度和观点进行课堂观察的话，他得出的结果往往是片面的，只是学生对于知识的掌握和运用程度，而非学生的思维能力和创造能力这会导致削弱对学生思想道德的教育作用。

④ 避免期望效应

一些教师会用自己期望的答案来解释教学过程中的问题，把教学推到自己所期望的轨道上，而不是根据实际情况进行灵活处理。这样的教师经常会在现实中强加自己的期望，把偶然的事件当作必然，或者把必然的结果当作偶然。使用自己的期望来解释看到的情况，自然无法得出正确的结论。

⑤ 避免刻板效应

一些教师会使用主观印象或者听从其他教师的意见，来给学生贴上各种标签。这种先入为主的方法会在课堂观察中极大地影响教师对于学生实际情况的判断。学生是不断发展的，情况是不断改变的，固守自己的刻板印象而不做出改变，势必会影响课堂的观察和判断，尤其会对部分学习有困难的学生造成很大的影响。

6. 课堂倾听技能

课堂倾听是教学方式行为之一，指的是在教学过程中，教师能够有效地发现学生言语当中暗含的信息。新时代的教学课堂里，教师不仅要能做到按照提前写好的教案进行讲授，还要注意学生的反馈，随时观察学生的学习情绪、倾听学生的认知需求，对教学策略进行灵活的调整。所以课堂倾听技能对于教师来说非常重要。如果没有掌握好这项技能的话，教师就无法察觉到学生的反馈，掌握好课堂的效率。对于师范生而言，更要从学生时期就树立倾听意识，掌握课堂倾听技能，这样当自己正式成为教师之后，就能从最开始建立起与学生心与心沟通的桥梁。

课堂倾听的过程主要可以分为三个部分。一是注意的过程，注意学生和学生说出的信息，关注信息的适当、正确、强度及传递的时间和情境。二是理解的过程，对收到的学生的信息反馈进行加工。教师对这些信息进行恰当的判断之后，自主地选择和整理信息。三是评价的过程，将以上信息的可信度、说话人的动机、主题思想以及话语中省略的内容进行全面的衡量，思考如何完善省略的信息，对其进行综合性的评价。

（1）掌握课堂倾听技能的意义

① 教师的耐心倾听是与学生沟通的关键

倾听可以帮助教师了解学生的需求，找出问题，激发学生的潜力；同时也可以帮助学生感受到被理解和被接纳，发现自我、体会自我。通过对学生声音的倾听，教师可以更加重视学生的内心想法，让学生自由地抒发感受，这也可以拉近学生和老师之间的距离感，消除紧张感，增强彼此之间的认同感。

② 教师的耐心倾听是有效教育的前提，是反思教学的动力

教师只有注重对学生声音的倾听，才可以更深入地了解学生的方方面面，及时地根据学生的问题和特点对教学策略进行调整，从而更好地把握教学进度。真正好的教师，会随时倾听学生的呼声，并根据这些声音中的信息和学生的反馈进行反思和调整，在不断的调整和反思中提高自己的教学水平，和学生一起进行自我提升（图 3-1-2）。

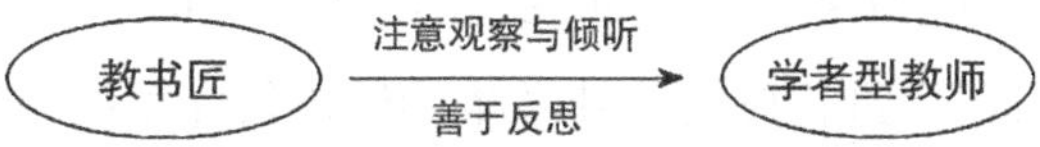

图 3-1-2　掌握倾听技能后的教师成长

（2）课堂倾听技能的基本要求

课堂倾听技能的基本要求如图 3-1-3 所示。

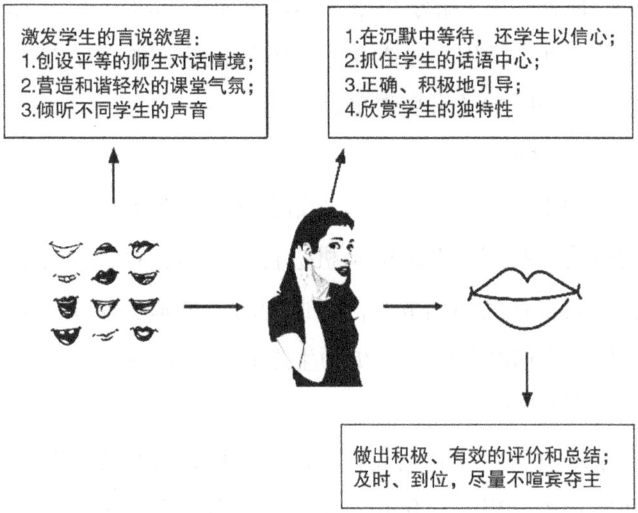

图 3-1-3　课堂倾听技能的基本要求

倾听是另外一种特殊形式的教育。有时候，甚至倾听就可以达到很好的处理教育事件的方法。因此，教师需要对倾听的策略进行学习，学习如何创设倾听的情境，激发学生的兴趣。同时，学生主动发言是有效倾听的基础，教师要遵循现代教学理念进行教学情境的创设，给学生创造表达自我的时间和空间，使其积极性被充分调动起来。教师也要对学生的发言保持谦虚和宽容的态度，为学生创设合适的时机，并鼓励他们进行发言和自我表达。

① 端正态度，积极倾听

想要倾听效果达到最佳，教师的态度必须首先保持端正和积极。积极的倾听主要可以表现在两个方面。第一，教师要用真心对待学生的倾诉，欣赏和接纳所有的学生，抱着热情去表达自己的关心。只有这样，学生才能充分信任教师，表达自己真实的想法。第二，教师对学生的倾诉要有耐心。学生的表达能力和逻辑思维能力不同，表达的想法可能不全面或者不严密，有时还会和教师的想法相背，这就要求教师能保持耐心进行倾听，让学生能够进行完整的表达，而非草率地打断和否定，避免对学生的自尊心和自我表达的积极性造成挫伤。

② 结合观察，适时点拨

教学课堂常常会有偶然发生的事件，教师需要在认真讲授课程和倾听学生反馈的前提下，仍保持内心的敏感，认真细致地对学生的非语言信息进行观察，如观察学生的手势、神态等，了解学生潜在的课堂需求。通过对学生的语气和语调、神态等的观察，及时判断学生的思维变化，从而把握好教学的进度和教育的契机，引导和点拨学生，使倾听的效果变得更好。

③ 换位思考，及时呼应

教师在教学过程中要学会换位思考，站在学生的角度思考问题，这样才可以真正明白学生的感受，找到最合适的契机进行交流和教育，针对不同的学生进行不同的交流教育方式，帮助他们成长。与此同时，教师还要及时地对学生的反应进行呼应，让学生产生情感共鸣，减少师生之间的距离感。

④ 归纳小结，鼓励评价

在通过倾听来解决问题或者完成教学活动之后，教师要及时地进行归纳和小结，记录叙说和倾听的过程，深化和升华问题的重点和关键，还可以引导学生对表达的过程进行总结，提高学生的思维能力。对于学生在表达过程中独到的见解和正确的回答，教师要及时地给予正面的回应，如肯定、表扬和鼓励等；对于不恰当或者有问题的部分，教师要进行解答、纠正以及补充，使学生进行反思以便取得进步。

7. 结课的技能

结课指的是教师在结束一个教学内容或者教学任务的时候，对学生所学的新知识和新技能进行有目的、有计划的归纳总结和反复强调，以便学生进行巩固和运用。通过这种方式，学生原有的认知结构可以变得更加完整，还可以帮助教师做好以后的过渡教学。因此，结课技能是师范生需要格外重视的一项技能，要意识到结课的重要性，遵循其原则来对该项技能进行掌握。

需要注意的是，结课不仅仅可以用在一节课、一章知识学习的结束，还可以用于结束一段相对独立的教学阶段，对其进行收尾和总结。

（1）掌握结课技能的意义

① 使教学条理化、系统化

一般情况下，一节课里会包含不同的教学阶段，其中每一个阶段都有不同的特点和肩负不同的教学任务，且这些阶段有主次之分。因为前面的学习内容常常会被后续的教学活动所冲淡，使得学生一时间内无法构建出完整的知识体系。因此，教师可以利用结课这一方式，帮助学生回顾和整理知识点，把知识的脉络整理清楚，以便他们在复杂的教学内容当中，掌握和存储重点的知识。

② 实现巩固强化

结课其实就是对当堂课所学的知识点进行及时的回顾、重复和深化，这样就可以加深学生的记忆。依据教育心理学的研究，课堂及时回忆要比 6 小时后回忆的效率高出四倍。

③ 培养提升学生抽象思维能力

教师对本堂课程的内容进行激情的总结，可以启迪和诱发学生的情感，使学生产生新的课堂感受。归纳概括是课堂结束的主要思维形式，它可以帮助培养和提高学生的抽象思维能力。

④ 更好地完成教学过渡

有时候，一个完整的教学内容往往需要花费几个课时才能完成，所以就需要教师在设计教学过程中，不仅仅总结概括好本节课的教学内容，还需要对以后的教学内容打好基础。

（2）结课技能需遵循的原则

① 目的性原则

结课的主要目标是实现课时教学的目标，所以教师需要按照提前就定好的教学目标来确定如何进行结课。结课要围绕着教学目标、教学重点以及知识结构来进行，并采取恰当的方式来把握学生的课堂学习情况，使新的知识顺利地被学生接纳且加入其已有的认知结构当中。注意，结课的进行要及时、精确简要，这样学生在回顾、检索和运用知识点时才会更方便快速。

② 启发性原则

结课要带着趣味性才能使学生的学习兴趣和学习动力得到有效的激发，学生才能在学习的过程中更得心应手，保持浓厚的学习兴趣。不管选择怎样的结课方式，教师都应该启发和引导学生，提高学生学习的积极性，要“点而不透、含而不露、意味无穷”，既巩固知识又余味无穷。

③ 一致性原则

在结课时，教师要注意做到把结课和导课进行首尾呼应。如果教师用心地设计了导课的内容，但没有体现在讲课和结课当中，或者在结课时没有进行呼应，就会使得学生的学习思路混乱，难以从整体上掌握教学内容。因此，教师的结课需要与前面的导课和讲课保持一致，这样才能使课程的主线清晰，趋于完美。

④ 多样性原则

结课有很多形式，对于不同的科目也会有不同的结课方式，教师需要注意选择适合本科目的结课方式。例如，可选择概括要点的结课形式来进行概念的揭示；可选择讨论、总结、归纳的结课形式来进行推广型练习；可选择点拨、提示的结课方式来进行巩固训练等。同时，教师也要注意针对不同心理、生理的特点的年级选择适合的结课方式。对低年级的学生一般采用“启发谈话、回顾复述”的结课形式，对高年级的学生一般采用“抽象概括、整理归纳”的结课方式；此外，还可以给学生安排一些实践活动，如口答和实验操作等，使学生在实践活动当中积极地进行思考，培养抽象思维能力、概括能力、语言表达能力以及书面表达能力。

⑤ 适时性原则

结课时，教师要把握好课堂的时间，按照规定的时间下课。如果没有提前合理地规划好课堂的安排，就会导致课堂节奏很快、结课时间过多、学生和教师无事可做、应付课堂的情况出现。这样既无法利用好课堂的时间，也会使得本节课的主体和内容受到冲淡和干扰，最终影响教学的效果。同时，学生并不喜欢教师延长课堂的时间，只要下课铃响起，学生的注意力和思维就都无法集中，授课的效果也会大打折扣，并且学生下节课的学习情绪也会受到影响，对学生的学习造成恶性循环。综上所述，教师不应该有提前下课或者拖堂延时的行为，这些都是违反课堂教学基本要求的错误做法。

8. 教学评价技能

教学评价就是根据一定的标准，运用一定的方法和手段，通过系统地收集、整理、分析相关的信息和资料，对课程与教学进行全面的考察和价值判断。教学评价技能同样是师范生应当重点掌握的教学技能，其对师范生自身的教学改进、学生发展都有着至关重要的作用。

（1）掌握教学评价技能的意义

① 判断教学效果，给予反馈和激励，促进教师提高

教学评价的第一目的是评判教学效果，甄别教师的教学水平、学生的学习状况。它对教师有较好的激励作用，能够促进教师教学能力和水平的提升。

② 具有导向作用，促进教学改进

通过教学评价，教师能够发现教学中的问题，及时改进教学，包括教学目标、教学重难点的设计、教学方法等，指导教师进行改进的方向。

③ 促进学生发展

在教学评价的过程中，学生的反应、理解和生成是最为重要的，只有符合学生、适合学生的课堂教学内容才是最好的。因此，教学评价的核心就是要通过观察学生和老师的教学互动行为，促进学生的发展。

（2）教学评价技能需遵循的原则

① 发展原则

教学评价技能需要遵循发展原则，要对评价的甄别和选拔功能进行淡化，多关注教学过程中学生和教师的需求，凸显出评价的激励功能和调控功能，从而促进学生和教师的发展，使他们不断取得进步。

② 综合原则

进行评价时不能只考虑学生对学科知识的掌握情况，而是要关注学生综合素质的发展。要全面且客观地对学生的个人情感、个性发展的评价进行记录和描述，对学生的行为进行重点考察，尤其是学生的情感、态度和价值观等方面。

③ 多样化原则

评价方式要适应综合评价的需要，可以采取诸如对平时行为的观察量化、行为测验等。

④ 关注过程原则

改变以往评价中过分关注结果、忽视过程的做法，增加对学生和教师的发展过程的关注。

第二节　师范生的教学管理能力

教师的教学管理能力对于学生集体的发展至关重要，也对实现有效的教育教学起到保证作用，教师应该通过艺术的教育管理方法来帮助每一个学生实现健康发展。因此，对于未来的教师——师范生而言，教学管理能力也是其应该具备的一项重要能力。

师范生应当具备的教学管理能力分为以下两种，其一为人际沟通协调能力，其二为参与教学管理能力。

一、人际沟通协调能力

人际沟通协调能力是教育管理的关键，缺少了人际关系的协调，就不能进行有效的教学管理，就算强行实施，也只能是死板的，不可能达到预期的效果。教师的交流主要是在学生、同事、家长之间进行的。从人际沟通的进程理论来看，教师在沟通目的、角色、情境等方面存在着很大的差别，因此在沟通的态度、方式和技巧上也不会相同。本书概括了师范生在今后的教学工作中应注意的一些问题，这些对于不同的沟通对象来说都是至关重要的。

（一）与教育管理者沟通的能力

与教育管理者保持良好沟通，对师范生走上工作岗位成为一名教师后开展教学管理可谓大有裨益。

一是工作目标和实施过程进行沟通，达到目标认同。教育管理者的目标一般基于宏观考虑，而教师的教育目标则与一些具体情况相联系，因此有时会出现目标的差异。单纯地服从命令，不会提高工作的实效，只有目标认同才能激发自身的积极性和创造性。这就需要教师应该学会与领导进行目标沟通。在沟通中应该注意换位思考，倾听领导的阐释与要求，思考其与自身目标是否有不一致之处，并做好改善自身目标的心理准备。并且要注意场合，目标沟通应是一种单独的沟通与交流或是目标制定前的沟通，切忌在领导宣布目标时进行当场反驳。

二是工作评价的沟通与交流。教育管理者的评价是对教师工作的认可或建议。在学校教育管理工作中，如果教师工作不出大问题，则教育评价一般是集体性的评价。这不利于教师及时发现自身问题，会为大的失误埋下隐患。作为教师，尤其是年轻教师，应该具备及时与教育管理者进行评价沟通的能力。主要表现为定期（一般一学期）主动找教育管理者了解自身情况，倾听领导对自身的建议与期望，并结合自身的实际纳入自身发展目标之中。在沟通过程中要注意，对领导的批评不要急于答辩，应抱着有则改之、无则加勉的态度。对于领导的期望不要盲目地表示不能做或者做不到，领导并不会急于想听这样的答案。

三是通过沟通和交流来促进个人发展。如果你只是一味地服从和放任，那么同教育管理者之间的交流就会变得非常糟糕。尊重不等于没有自身思想，身为老师要有自己的发展计划，也要有自己的问题。这就需要老师为自己设计一条发展之路，并主动与领导进行交流，使其了解自身未来的道路，并期望其能给自己带来机遇。如果没有交流，就算得到了机会，也未必是正确的、合适的。在自己有麻烦的时候，同样要学会与领导交流，不能一味地埋怨，这并不能解决任何问题，要努力为领导们提供一个有利于团队的方案。

四是与教育管理人员进行沟通的方法与技巧。不同个性的人在与教育管理人员进行沟通和交流时，都有值得我们学习的一些基本技巧。首先是尊重，这是与教育管理者沟通的先决条件，它是一种能力，也是品质表现。年轻的老师更应该注重这非常关键的一点。其次是主动，如此才可以得到与教育管理者交流的机会，教育管理者进行的并非一对一的工作，他没办法做到照顾到所有人，只有主动进行沟通，才能让自身思想和想法得以被领导理解。随后是诚实，作为和教育领导者交流的极关键技巧，千万别试图用谎言来蒙蔽领导，因为领导可以知道更多的信息，同时诚实也要求教师不能无原则地奉承和服从。除此之外，与上级保持一定的距离也是一个好方法，别因为和上级存在多次的交流，就忘记了与领导之间的关系，距离会给领导一种受人尊敬的感受。顺从在某些情况下是一种无条件的行为，因为领导不仅拥有权力，还肩负着巨大的责任。因此领导决定的事情要先无条件地服从，事后再探讨问题。

（二）与同事沟通协调的能力

师范生的身份是学生，身边的人际关系较为简单，然而当师范生成为一名教师后，就会出现很多学生时代未曾遇到的关系，比如“同事关系”。师范生需要提前掌握与同事沟通协调的能力，并认识到该能力的重要性：与同事之间沟通顺畅、协调一致，将形成教学管理的合力，让教学取得更大成效。

一是与班主任的沟通协调。在与同事的沟通中，班主任是一个重要的角色。如果师范生将来成为一名科任教师，那么班主任既是所任教班级的管理者，也是与任教班级学生交流的引导者。在与班主任沟通与交流的过程中首先应该摆正自身的位置，充分尊重班主任的意见与建议，对于课堂问题和学生问题要及时地和班主任沟通与交流，赢得班主任的认同与帮助。虚心听取班主任所提出的建议，对于有争议的问题一定要摆在桌面上解决。不要试图取代班主任来解决班上的任何事件。也不要在班主任不知情的情况下过多地和班级学生谈论班级的管理情况。

二是与学校的任课教师之间的交流和配合。师范生在做班主任的时候，既要有“齐抓共管”的自觉，又要注意不能一人独大。因此，和科任老师的交流是十分必要的，科任老师能给我们提供许多自身视角下无法看到的班级信息，并从不同的视角给我们一些建议。在交流和协调时，要向科任老师表示感激和信任，积极地帮助科任老师解决问题，并将其视为义务。无论是正式还是非正式的，在与科任老师打交道的时候，要保持谦虚，不能对科任老师的教学水平妄下定论，更不能在课堂上公然批评科任老师。

三是与各年龄段同事之间的沟通交流。任何工作岗位都是由各个年龄段的人构成的，这一点明显有别于师范生的学生时代。因此，师范生应具备与各个年龄段的老师沟通和交流的能力。正式任职教师以后，除了尊重、坦诚、关心之外，还应做到多做少说，以做实事和提升自己作为自身目标，而不是稍有成绩便沾沾自喜。

四是与同行的沟通与交流。教师是一个专业性较强的职业，同行间的专业水平和发展程度可能存在较大的差异。这就需要教师要学会与同行进行沟通交流。尤其是师范生初为教师时，虚心请教的态度是沟通交流最重要的品质。每个教师都有自己的优点，不要以自己的观点去否定他人。对于年龄大的教师可以认作师傅，对于年龄相当的教师要学会合作。切记不要产生嫉妒心理，更不要拘泥于所带不同班级学生的成绩对比，这些都不利于师范生的成长。同行应该组成一个共同奋进的集体，所以这就要求教师提高自身的集体意识。

（三）与学生家长沟通协调能力

与学生家长的人际沟通是校园人际关系中难度较大的一种关系。因为家长教育孩子的观念各有不同，要让他们都能与学校“步调一致”，真的很不容易。但是为了给学生创造一个家校一体的教育环境，以及更好地对学生进行教学管理，需要教师提高与家长沟通协调的能力。师范生也需要对该能力加以掌握，避免在工作之后毫无准备，缺乏与学生家长沟通的能力而导致教学管理出现问题。

对师范生来说，不管是在实习期间，还是在工作后，都要在与家长进行沟通和协调的过程中注意以下几点。

一是建立在平等的基础上。虽然在教师与学生家长之间的关系中，老师扮演着主导角色，但是两者之间存在着绝对的平等，没有高低之分。所以教师要充分尊重学生家长，尤其对于“差生”“不听话”学生的家长的个性要特别尊重。对教学中遇到的问题，要从自身寻找问题的根源，对问题进行客观的剖析和公正的评估，并与学生家长一起探讨解决问题的办法。老师不能随便向家长“告状”，也不能在大庭广众之下指责孩子。身为老师，不能指责家长，也不能训斥学生家长，更不能羞辱学生家长的人格。否则，教师和学生家长的关系就会产生分歧，甚至产生矛盾，也会导致学生对父母、老师产生怨恨，影响老师的形象，教学效果也会大打折扣。

二是聆听不失为一种好办法。一个老师，不管他的实际工作经历有多丰富，理论知识有多渊博，他都不能完美地完成教育工作，不可能不犯任何错误。与此同时，由于国家公民整体素质的提高，学生家长的能力也在不断提升，他们的很多观点都是很有价值的。更何况常言道“旁观者清”，在教学过程中，学生家长往往比老师更能察觉到问题。所以，老师要抛开“教育权威”的架子，多与学生家长交流，多倾听学生家长的意见，不断完善自己的工作。如此，也能让学生家长感受到老师的亲和力，真诚地支持与合作。

三是创新沟通途径是突破点。随着信息技术的发展，教师与学生家长的沟通不一定要家访或把学生家长请到学校来，可以通过网络，建立班级学生家长博客或聊天群，还可以借助电话或短信进行沟通，这样既可以增加沟通的频率，又可以做到发现问题及时沟通，拉近教师与学生家长的距离。

（四）与学生沟通能力

很多教学管理过程中的难题都来源于师生沟通的不畅。沟通能够连接师生，让师生心心相通来共同解决问题。虽然师范生现在的身份是学生，可是将来会转变成为教师，可能会面对不同年龄层次的学生，包括中学生、小学生，甚至是幼儿园学生，因而应该不断锻炼自身师生沟通协调能力，避免正式开始教学时面对学生束手无策，无法对其进行有效管理。

在锻炼师生沟通协调能力时，主要应从以下几方面着手。

一是保持师生沟通中的同理心。同理心要求教师走进学生的情绪和思维体系，用学生的眼光来体会学生的情绪，推理学生的一切行为，从而找到沟通的切入点。否则学生会总是认为教师不理解他，不关心他，降低对教师的信任感。教师没有同理心就不能真正地接纳学生，非常容易出现无谓的指责和批评。

二是重视与学生之间的交流方式。在沟通中，语言是至关重要的。由于中学生具有强烈的自尊心和敏感性，在师生交际过程中，教师要注重语言的选用，并以语言表达对学生的尊重。例如在音乐课堂上，教师让每个同学自学风笛演奏，没过多久同学们就会了。这时他们会吵闹着要求老师来听自身演奏来引起注意。在这种情况下，老师的两种语言方式就会产生不同的效果，比如："不要喊了，这班里像个菜市场，我能听到什么？"和"如果你们能帮我听到整个班级的笛声，让所有人都安静下来，共同演奏，一定会非常美妙。"两者所带来的教育效果，显然是不同的。

三是开拓师生沟通的方式。距离产生美，面对面的交流方式不一定就是最好的方式，书面的、网络的、通信的方式都可以让学生将不好意思表达的思想表露出来，帮助教师把握学生的动态。

四是完善自我监督，做到以身作则。说教永远是乏力的，示范是一种无形的沟通能力。教师应该从各个方面提高自身的素质，塑造良好的品行和性格，为学生作出表率。否则，不但不会起到教育学生的目的，还会激发学生的逆反心理。例如，有的学校严禁学生将手机带入学校，理由是影响课堂学习，有些学生心里有点不服气，这时如果某位老师将手机带入了课堂，并未关机和调震动，上课中途手机铃声突然大响，必然会引起学生反感，在学生中造成恶劣的影响，影响教学管理。

二、参与教学管理能力

教学管理是指管理者通过对教育团队的组织与协调，充分发挥教育人力、财力、物力等资源的功能，并借助教育内部有利条件，有效完成教学管理目的的过程。学校的教学管理工作涉及领导班子建设、教师队伍建设、规章制度建设、校园文化建设、教学管理、学生管理等多个方面，是一项复杂的综合性系统工程。在学校的教学管理中，教师的参与是一个非常关键的过程，这对教师（师范生）参与教学管理的能力提出了要求。

教学是学校的中心工作，也是学校分工最为明确的一项工作。教学包括各个环节，每一个环节都需要严格的管理措施。主要涉及以下几类管理能力。

（一）教研管理能力

教不研则浅，研不教则枯。学校的教育教学改革，课程改革，教师培养，教研活动，教师考评精神、做法等技术性较强的活动只有通过教研组才能很好地实施和完成。教研组是中等学校集教学、科研、管理于一身的基层组织。它既是由相同或相近学科的教师组成的专门从事教学、科研的学术性团体，又是学校赖以落实国家教育方针、法规和对教师、教学进行管理的机构，还是学校管理从经验型、行政型转到科学型的桥梁。

教研组的教学工作要分为教学与科研两大方面，即集体备课、集体听课、统一教学进度与教学内容等常规教学活动，同时还要加强教学科研活动，例如学习教科研理论、了解本学科教学动态、新课程实施、教学模式探讨、教学实际问题的研究等。同时，教研组也是教师职业发展最为直观的平台。参与教研管理工作，需要教师有坚实的学科专业基础，了解新课程改革的思想，并能熟练运用学科教学方法。

新时期，教研组承担着校本教材的研制工作，这要求教师具有一定的设计能力，将教材编写、命题、教学有机地结合起来。在此基础上，教师要具有一定的管理基础知识，要清楚地了解教研组的工作目标，要能从管理者的视角来规划自己的研究方向和目标，要有团队精神，帮助同组教师开展工作，并对教研进行科学评估。师范生对教研管理能力的掌握程度，直接关乎今后的教学管理、教学科研和个人发展。

（二）考试成绩质量分析能力

对考试成绩质量的分析是对阶段性教学的总结和剖析。它是教学管理的一个重要环节，只有通过分析才能够发现教学中存在的问题和解决问题的切入点。它更是每一位教师都应该具备的基本能力。对于参与教育管理的教师来说，考试成绩分析是教学管理的第一项重要工作，对能力的要求更上一层次。因为此时教师不仅要对本学科的成绩进行分析，还要对全年级甚至学校所有学科进行分析，得出各学科的特点，并能够进行横向和纵向的对比。主要涉及数据的统计、分类和分析工作。其中分析工作对教师的能力要求较高，需要教师能够分析各学科及总体成绩，包括成绩的分段统计，成绩分布曲线的绘制、柱形图的绘制，平均分数、最低分、最高分、及格率的统计，达标率，进步率或下降率，离差，效率，优秀率，临线生，特殊学生（偏科生、退步生、进步生）等，以及根据学校自身特点要分析的数据。这就需要教师具备较强的统计学知识，能够运用现代教育信息技术和 Visual Basic 语言及 Access 数据库等分析工具。师范生可以在求学阶段，利用学校丰富资源对信息技术、分析工具等进行学习，掌握新的技能，让自己具备相关分析能力，在日后教学中做到更加得心应手，通过高效优质的分析结果优化教学与教学管理。

（三）党团队社团管理能力

党团队和社团是学校教育中几个重要的阵地。教师参与教学管理也应该掌握管理党团队和社团的能力，通过学生先进组织的有效管理来带动学校整体的教育工作。因而对于师范生来说，不能对这方面能力有所忽视。

党团队社团是指中国共产党组织、共青团组织、少先队组织、学生兴趣社团。这四个组织是学生的主要团体，他们都是优秀和先进的学生代表。四个组织必须具有相应的领导和管理能力。一是了解基层党群社团的章程、制度，了解社团活动的流程、标准。二是充分发挥学生组织开展主题活动的能力，开展主题鲜明、内容丰富、教育意义深刻的活动，以学生先进组织为载体，向学生灌输主流价值观。三是要充分发挥大学生的先锋模范作用。在学生党团队、社团组织中，要注意发掘优秀的学生，做好模范，发挥领头旗帜作用。

（四）班级管理能力

课堂管理并非一种静态的过程，是指在一定的教学目标下，教师运用一定的手段，引导整个班级，组织、协调、控制课堂内的各类资源，从而达到教学目标的动态过程。

学生的生活、学习、教学的质量，是每一所学校所重视的。班级活动状况的地位不容任何学校忽视。

班级管理是一种有目的、有计划、有步骤的社会性活动，其目的是达到教学目标，让学生全面发展。因此，参与课堂管理是教师和师范生不可缺少的能力。所以怎样才能做好班级的管理工作？许多教育工作者在这方面已经积累了丰富的经验。

例如，魏书生班级管理的两大法宝：民主化和科学化。李镇西班级的集体主义教育途径：创造良好的“第一印象”；建立平等的人际关系；确立集体的奋斗目标；开展丰富的集体活动；组织公平的学习竞赛；提供大量的创新机会；形成健康的集体舆论；捕捉偶然的教育机会；保护班级的公有财物；结交校外的友谊班级；强化班级的集体情感。

纵观很多教育家的班级管理经验，教师（师范生）在班级管理中应培养以下能力：

一是班级组织能力。“领头羊”要做好，首先要做好班级的组织建设，而班干部的选拔，则关系到班级工作的开展和班风的形成。对此务必要三思而后行，心急吃不了热豆腐。当然也不可能所有人都是班长，这样做固然会让学生们骄傲，但也会让他们失去带头作用。

二是班级制度管理能力。班级治理永远离不开科学民主，因为科学民主是体制保障。班级制度包括班干部选举、学习、卫生、班会等管理制度。教师在制定教学管理制度时，要坚持民主集中制，不能盲目地让学生决定，要有老师自己的主动权。在制度的内容上，要做到精益求精，不能一概而论，奖励和惩罚缺一不可，要有区别，这样，制度才会有效。制度的实行要有开始，也要有结束，要按照制度来，而不是将制定好的制度“摆到书架上”。

三是班级教学管理能力。班级教学虽然不是班主任一个人的事情，但是班主任有责任管理班级的学风，了解班级各学科的学习状态，及时和科任教师沟通，多从学生角度找问题，不要一味地埋怨科任教师。值得班主任注意的是，管理班级学习不是插手各学科的教学，更不能一味地向科任老师提要求。例如：某班主任发现数学学科成绩下滑，班主任将数学老师叫到班上，利用班会课时间，让学生当面提意见，班主任还当场将意见总结了一下，对数学老师提出了一些要求。结果数学老师感到甚为难堪，甩手而去，不仅没有达到提高数学成绩的目的，还造成很多老师都不愿意教该班的课程的问题。使班主任工作无法继续开展。

四是班级活动管理能力。班级活动是一种有效的班级管理手段。班级活动一般情况下以班会形式进行。班级活动要有系统地进行，要符合班级的特点，不能太多，也不能把所有的内容都变成课堂活动。这就要求老师在题目、内容、形式的确定上下真功夫。

第三节　师范生的教学科研创新能力

一、教学科研能力

教学科研能力是指教师在教育和教学活动中，进行实验、研究和发明创新的能力。

作为一位教育工作者，师范生要敢于实践和创新，积极投身教育科研与实验之中。如果缺少科研意识和学习习惯，教师的工作能力就无法得到提升，更无法满足社会发展的需求。

教学科研是教师的立身之本、发展之本，有助于改进教师的教育教学工作，有助于教师专业文化的提升，有助于发展教师的反思能力。教师的科研能力和探索精神对于提高教师思想素质，改变旧的教育观念，建构创新教学模式具有重要作用。教师只有积极从事教学实验与研究，不断探索新的领域，才能深化教育教学改革，发展和创造新的理论，才能在教育教学过程中不断融进本学科或相关学科的科研新成果，将学生领进科学研究的前沿阵地，培养出具有创新意识和实践能力的高素质创新人才。

教学研究分为两大类，实证研究与思辨研究。前者指的是各种目的明确、条件完备、操作规范的教育和教学实验；后者指的是从新的视角、思路和方法出发，对现有的材料进行分析，并由此得出新结论的研究。这两种类型的研究，因其思维和运作模式的差异，所需要的能力也会有一定的偏颇和特色。总的来说，对于整体科学教研能力主要有以下几点。

（一）选择课题的能力

选题，是指教师根据教育教学实践及其发展的需要，选定研究课题、实验项目或确定教育科研论著名称。教学科研的选题，应符合科研选题的实践性原则、创新性原则和可行性原则。

实践性原则。指教师所选的研究课题必须来源并服务于教育教学改革的实践。只有面对教育教学活动的现在和未来，以探索教育教学活动规律、指导教育教学活动实践为目的，并对指导实践确有意义的选题，才是有价值的选题，才能真正体现科研选题的实践性原则。体现科研选题的实践性原则表现在许多方面，例如着眼于未来发展的选题，从教学科研的空白处和边缘领域选题，从前人研究的不足或错误处选题等；但是，最具针对性、最有现实感的应当是从克服现实的弊端入手选择的研究课题。

创新性原则。创新是科学研究的生命源泉，没有创新，就不能称之为科研。因此，教师所选的课题一定要具有创新性。这里的创新有两层含义：一是所选择的主题还没有被发掘，前人没有发现和做过的，完全是自己的独创或自己的观点。二是选择的题目，虽然已经有人讨论过，但没有得到很好的解答，或者自己从一个全新的视角（或者采用了新的方式，或者进行了新的结合等）进行新研究。

可行性原则。主要是指确定选题时要从实际情况出发，看是否具备完成选题的主、客观条件。主观条件如个人的兴趣、知识和能力水平，精力、意志力和身体状况；客观条件如时间、资料、设备、经费乃至周围环境等。离开这些必备的主客观条件，纵然有好的选题、设想，也难以圆满完成。当然，有些条件暂时不具备；但在确定选题时，这些都应考虑到，免得流于空想或半途而废。

（二）处理信息的能力

信息处理能力是指教师根据学科的研究领域和学科需要，有针对性地、系统地查找整理有关信息的能力。科学是可以继承的。要想有所发现、有所创新，就要广泛地吸取他人的知识和经验。正如鲁迅先生所说："必须如蜜蜂一样，采过许多花，这才能酿出蜜来。"但"采花"的过程复杂、艰苦、耗时。很多从事科学研究的科学家，常常要花掉三分之一甚至更多工作时间去收集阅读科学信息。

在信息的处理上，要注意以下两点：一是通过多种途径搜集、积累科学文献。知识是累积而成的。老师要做教学科研，不能只在有需要的时候才去找材料，要注重日常学习和积累。收集、积累的方法有很多种：收集实验、观察笔记、写教学后记、录音、录像、拍照等第一手材料；利用网络、图书目录和索引、文摘等辅助材料的搜集、专业报纸的浏览、相关的学术讨论会等，阅读时要做摘录、摘要、录音、扫描等。搜集和整理数据不仅要注重质量，而且要有充足的数量。这就需要老师在日常生活中既要"细心"又要有"恒心"。反之，疏忽则"集"而不精，无恒心则"积"而不丰。其次，掌握卡片制作、编码和分类，科学地归纳整理资料。当老师有了自己的研究项目，在平时的观察、阅读和检索中，就会有大量的知识可以被他吸收。因此，在搜集材料时，要掌握卡片的制作和分类的技巧：一是要精练总结，注重选择；二是按照内容分类，按类复制（复印、扫描）、保存（包括在电脑中存储或制作光盘），并注意各种内容相对集中、有条理。累积的目标是运用。对于归纳整理过的材料，要时常翻阅，让它们真正意义上进入大脑，以便在必要的时候随时取出。

（三）开展研究的能力

师范生应认识到，要实践教学科研，必须掌握基本的教学与科研方法，并能熟练地应用教育研究来开展研究。当前教育研究中普遍采用的研究方法有教育实验研究，行动研究，叙事研究，个案研究等。在教学实践中，行动研究更符合我国中小学教学研究的目标任务和特点，因此成为一线教师进行教学科研的主要手段。行动研究指的是针对现实问题的解决。它的研究方法具有很大的适应性，能够运用各种不同的研究手段来达到目标。

行动研究具有如下几个特征。第一，注重教学实践活动。行动研究是从教学实际需求出发，很容易激发教师的研究热情；将理论应用于教育实践中，可将科研目标与教学工作有机地结合起来。第二，要把"研究"和"行动"相结合。行动研究注重将"行动"和"研究"有机地结合起来，使之能够在理论与实践之间起到沟通的作用，从而拉近理论与实际之间的距离，使理论更好地与实际相结合。第三，注重以教师为研究对象。因为它注重实践者的参与，提倡学生在日常的校园生活和现实的教学环境下进行研究，从而有利于教师的职业发展，也有利于教师的研究。第四，提高教学质量。因为行动研究是以改善教育和教学工作为主要目的的，所以，它能帮助科研人员改善教育方式、提高教学质量、推动学校的发展。作为一种特殊的研究方式，行为研究对于教师来说是一种“规范”的解放。

行为研究是以问题为核心的研究方法。首先，教师要找到一个出发点，这一出发点是教师个人在实践中所总结的，也是教师个人所期望的、需要付出努力并予以解决的问题。然后，通过观察、访谈及其他资料搜集，寻找有关材料，并加以整理、分析，以加深对情景的洞察与了解。在对情景进行认知和整理后，教师根据调查的结果，制定相应的教学对策。在此基础上，运用行为策略在实际教学中的运用，对其效果进行验证。当一个行动战略被实践证实是可行的时候，这一轮的行动研究就会告一段落，然后进入下一研究过程；当一个行为战略被证实是没有效果的，或必须加以改进时，就必须对情况做进一步的检讨，并开发新的行动策略来运用于实际中，直至问题得以解决。

（四）论文撰写能力

很多师范生认为，自己只有在上学的时候需要写论文，写完毕业论文就“万事大吉”，再不用埋头文献中苦苦思索。其实这是错误的认识。论文撰写能力对于一名教师来说是非常重要的，师范生日后走上工作岗位，也必须要具备这项能力。

教师撰写教学论文的能力，是指教师将其在教育学研究中的经验和思维成果，以书面形式反映出来，并将其应用于社会，使其产生社会效益的能力。论文撰写能力是提高教师教学研究水平的一个关键因素。教师职业教育研究论文是教师职业发展的必然要求，是教师职业发展的必然要求，也是教师个人价值的体现。

教育科学研究的写作过程，就是对教育教学活动的现象进行深入的剖析与归纳，进而深刻地揭示其内在的规律。不断思考、积极探索教育教学实践问题，对问题有更深入的理解和独特的观点，是撰写高质量的文章的先决条件。学科教育的研究涵盖了整个教学过程，其中的每一个环节都有着无穷无尽的研究课题。

撰写一篇好的学术论文应注意以下问题：一是选题要小，一般来说，初学写学术论文，不宜题目太大，更不宜长篇大论，应当选择一个较小的切入点，言之成理；二是立意要新，一篇好的论文要有自己的见解，文章立意要新，构思要活，在内容上关注现实，能解决实际问题；三是行文规范，从形式上看，一般的学术论文要包括标题、摘要、关键词、绪论、正文（本论）、结论、致谢、参考文献等部分，应符合学术论文的体例规范和表述规范。

二、教育创新能力

21 世纪是互联网时代。随着计算机技术和互联网的普及，信息传播速度越来越快，人们的生产、生活、工作、交往乃至思维都在发生着变化。新时期的教师更应该具有创新精神，真正做到与时俱进，否则将很难满足当今时代对教师的需求。

民族想要进步，绝对离不开创新，创新是社会灵魂所在，创新是民族繁荣的动力源泉。要想复兴民族，首先要有教育。创新教育已成为社会发展的必要，而发展教育的关键在于教师。要想承担和履行创造性教育所赋予的历史任务，教师必须拥有一定的科研能力和探索性。

（一）师范生掌握教育创新能力的意义

步入新时代，师范生掌握教育创新能力，成为一名懂得创新的教师，是极为重要且必要的。

首先，教育的创新能力是社会发展的必然要求。21 世纪国际上的综合国力之争必然是人才的素质之争，而创造人才则关系到国家前途与民族兴亡，所以孔子“述而不作，信而好古”这种重守轻创的传统文化和传统教育已无法跟上社会的发展。因此，培养和塑造人才是素质教育的核心，是现代教育的主题。而教师创新能力的关键在于如何培养创新型人才。老师们要善于把思想转变成一种思维“产品”，能够进行创造性的教学，与飞速发展的科技和社会现实相结合，对复杂的社会现象和问题进行正确的认知和阐释，并不断提高自己的动手能力、人际交往能力和团队合作能力，否则，学生的创造性学习就无法完成，创造性教育也就丧失了活力。

其次，教育的创新能力是其自身发展的一种客观需求。有了创造性的教师，就会在教学中不断地发现问题，寻找问题的解决办法。并在教育的过程中，不断提高自身教育技巧、教育方法，更新教育理念，来更好地为教育事业做出贡献。

最后，教育创新能力是培养创新型人才的必要条件。具有创新精神的教师，能够发现自己的教学问题，转变传统的灌输方式，发挥教育的主导性，充分调动学生的认知与实践的积极性，使他们自己去探索，要使大学生的创新意识、创新精神、创新技能觉醒与发展，使其成为符合未来社会需求的创新个性，并使其全面发展，这就是创新教育为创新人才的目标。同时，教师的创新精神和创新意识也会在不知不觉中对学生产生影响，在与学生的交流过程中，教师的创新精神和意识都会被激发出来，学生对一切都会产生浓厚的兴趣，形成好奇心和好学的习惯，并在不断的求知欲中寻求知识，为培养创新的人才打下坚实的基础。

（二）教学创新能力的表现

教学创新能力主要体现在：一是能够敏锐地察觉到教育科学的理念与原则；二是善于假设、预测和认识教育理论在教育实践中的应用；三是具有较强的探索能力，能够在没有实际应用的情况下，提出各种可能的问题；四是善于根据现有的教育资料，提出设想，进行试验、总结和推广；五是要善于把各种思想、观念结合起来，形成新的教育思想和观念。

（三）教学创新中的注意事项

在教学改革中，教师要注重对学生探究素质的培养，要注重提出问题的激励，注重提问和回答问题的能力。古人说，好提问的老师，就好比砍硬木头，先砍易砍的，再砍关节，久而久之，关节自然就能砍断。不擅长提问的人则相反。一个擅长对待学生提问的老师，就像是在敲锣打鼓，力量越小声音就越小，力量越大声音就越大，问答也是一种道理。

在教学改革中，教师要重视对学生的存疑心理的培养。所谓尽信《书》，则不如无《书》，即指完全相信《尚书》，还不如没有《尚书》的好。学生要有一种怀疑的态度，质疑是思想的开端。在教学过程中，教师应鼓励学生，“为学患无疑，疑则有进”“小疑则小进，大疑则大进”。在教学中，要引导学生多思考、多质疑、多探究、多提问，再通过不断地解答疑惑，以此来不断提高。

在教学改革创新过程中，教师要注重学生的自主学习和独立思考。孟子强调学生通过自己的学习和探索来获取知识，从而使知识真正地变成自己的。在教学中，教师起着“引路人”的作用，对学生进行指导；在一次学习结束后，要在检查正确与否之后对学生进行适当的评价、证明和判断；当同学们有问题时，大家一起讨论，在讨论中也要适当地激发他们的积极性。

在进行创造性的教学时，教师应该鼓励同学们在课堂上进行探讨和探讨，通过交流来促进创造性的思考。《学记》中讲“独学而无友，则孤陋而寡闻”[①]，这句话的意思是说，一个人在没有朋友帮助的情况下独自读书，很难提高自己的知识。教师要激活课堂，需要着力构建激励、互助的创新教学模式，使学生在轻松的教学环境中发挥创造性的潜力。

教师教育创新能力的提高，最终表现为对学生的创造性思维和动手能力的培养，和谐的师生关系就显得尤为重要。要想做到这一点，就要善于把握学生的“眼里的老师”和“心里的老师”的真实状况，从而获取、巩固和发展师生关系的第一手资料，并清晰察觉当前工作中的成绩与不足。为了营造一个和谐的师生关系，教师与学生之间要平等、友爱相处。只有这样，才能为培养学生的创新能力奠定坚实的基础。

师范生是新时代的学生，是教师的接班人，更要从最开始就着力提升自身教学创新能力，在日后的教学实践工作中注入崭新生机与活力，不断推动教育教学向前发展。

第四节　师范生教学能力养成路径

一、教学技能养成路径

（一）细化教学技能，明确有关要求

1. 细化教学技能具体目标

师范生的教学能力必须按照教师职业规范中有关内容来进行培养，所以，教

① （西汉）戴圣编著．礼记 [M]．张博编译，沈阳：万卷出版公司，2019.

师的职业技能标准对师范生的培训起着非常重要的作用。1994 年，我国出台了师范生的技术培训大纲，但由于缺乏具体的教学标准，很难真正贯彻实施，造成了师范生技术水平的参差不齐。英国对师范生的教学技能标准、规则等内容都有着明确规范。《合格教师专业标准》于 2007 年发布，内容包括专业知识理解、专业态度和专业技术三个层面，囊括了合格教师所应具备素质和能力的相关要求。在专业技能方面，该标准从 6 个方面规定了合格教师应具备的专业技能：课程计划、教学、评价监督与反馈、教学的总结和调整、创设学习环境以及集体合作。另外，英国教育部颁布的《教师职前培训改革》明确表明有 27 项专业技能是合格教师必须具备的，同时规范了这 27 项职业技能是怎样被认定的。这对于英国师范生的职业生涯发展具有重要的指导意义，对我国有借鉴作用。

2012 年，我国制定了各个学段的专业规范标准，以确定师范专业与教学能力的关系。然而，目前国内师范类院校对师范生的培养对象虽有其自身的特点，但在实践中并未形成一个统一的教师职业技能标准，对于不同专业师范生教学的具体要求也不尽相同。缺乏相关的指导方针，导致师范生教学技能培训出现目标模糊、缺乏针对性等问题，严重制约了师范生的教学技能培训和技能水平的提高。如果每个技能都有一个相对清晰的目标和要求，那么在师范生进入学校的时候，就可以制定出相应的职业标准和技能要求，让他们对自己的能力有一个清晰的了解，这样才能更好地为以后的工作做好准备。

2. 明确教学技能具体要求

明确教育技巧的培养目标，使那些想要在教育界工作的人们明确自己的目标，这是非常关键的。实际情况下，一些师范生在大学四年的专业学习中，对于自身到底应该具备什么样的技能，以及要达到什么样的目标，还没有一个明确的认识。一些师范院校只把教学大纲发给学生，而大多数学生没有认真地去看、去琢磨，规定得再详细也起不到应有的效果。针对这种现象，除了显性方式之外，也要通过隐性方式来强化认识。在分发了书面材料后，我们可以用不同的方式让学生安静地读那些被忽视的内容，从而吸引他们的注意力。

例如，中国台湾地区有关大学除了提供纸质培训计划之外，在校内网站上也专门为学员提供指引，包括制度、课程、目标等，并对职业技能进行特殊标记。此外，定期组织有关职业能力的校园文化活动和相关的班级会议，并利用学校的官方微信等新媒体平台，及时更新各种教学技巧的要求和标准，并附上一些优秀的例子，让同学们更加了解自己的专业目的。

同时，面对新时代复杂的知识社会，所涉及的问题更为宽泛，我们认识到的世界框架正在移动、模糊和变化，教师教育是一个复杂、多层次的迭代过程，既要思考过去，又要面向未来，因此，我们对师范生的教育技能培养目标要适应时代和社会的变化。

（二）激发主观能动性，促使学生自主训练

1.提升自主训练意识

人的主观能动性会影响到学生的工作效率，而师范生的教学能力也与他们的主动性有着密切的关系，只有激发他们的自觉性，只有这样，教师的培养才能事半功倍，才能显现出显著的教学效果，提高师范生的教学技术。

首先，要强化教师的思想政治教育，增强教师的专业认同，培养学生的自觉性。只有对教育有强烈的热爱和渴望，才会主动地摒弃一切不必要的杂念，主动培养教学技巧。通过演讲，体验生活，职业技能课程，丰富师范生对职业内涵的认知，了解其职业的意义。

其次，要改进训练的硬件条件，创造一个良好的外在环境，规范学生的训练目标和形式，并使之更加合理。尤其是大一学生要学会正确的自我培养方法，如书写、口语等技能的培养，就必须进行长时间的培训。尽管许多师范院校都从一年级开始就开设了基础技能培训，但只靠课堂上的几十分钟是不够的，这就需要师范生在业余时间进行自我培训，通过适当的教学方法，达到事半功倍的目的。在二年级时，为学员制订一份较为完整的自我练习表，既能预防学生偷懒，又能节省学生的学习时间和精力。

除此之外，把自学能力培养融入教师的量化考评之中，建立起一套完整、科学的评估指标体系，从而解决师范生在培养过程中缺少监管的问题，使其不再只是一种表象。教师评价、学生自我评价、小组互评等多种形式都可以用来进行考核，健全学生自评量表和小组互评量表，使自我评量表规范化、制度化，评价的内容包括粉笔字、钢笔字、毛笔字、普通话、简笔画、说课、教材分析等。

通过对教师教学技巧重要性的认识，使师范生置身于一个积极的学习环境中，

通过定量的评价来激励他们进行技能培训。师范生在业余时间都会有一个共同的学习目标，可以通过小组讨论来实现相互监督和共同提高，同时也能实现互惠互利，充分发挥学生的主动性。

2. 成立师范生训练小组

前面已经提到，目前师范院校的职前培训中，仍然有一部分学生处于被动的状态。因此，师范生培训机构如何实现由消极向积极的转化是当前教育改革的重点。“师范生学习共同体”的建立，是一种有效的途径。

“师范生学习共同体”是以培养合格教师为目的，以实现共同的学习目的和任务，在一定的组织原则下进行各种学习活动，通过自主学习来提高自己的教学能力的集体。师范生培训机构可以通过组建师范生培训团队，对师范生的学习团体进行指导，甚至是直接计划。尤其要指出的是，以培养师范生学习团体为目的的培训团体，与一般的学习团体不同，它注重的是团队成员之间的团结，不是单纯为了一个任务而抱团取暖，而是要让成员们在精神上达成共识，形成一种良性的、有竞争性的团队关系，让学员们主动学习、合作。师范生培养小组是一种互动学习、团体互助、经验相授和互相激励的教学平台。

师范生学习共同体注重开放性，重视个人的差异，注重成员的主观能动性，所以在教学实践中，要充分尊重学员的自由意志，让他们按照自己的职业目标、专业特长或者其他感兴趣的人组成团队，而那些不能自己组队的学员则会被学校组织起来。在组成师范生训练小组之后，要有考评目标来作为约束，小组间互相竞争，进行评价时要整体评价。与此同时，同一训练小组内部也存在一定的竞争，这种柔和灵活的竞争关系是为了激发师范生自身的进步，而不是为了一分高下。早期的师范生培训团队要保持一个稳定的状态，有利于学员迅速融入社会，使培训团队尽快走上轨道。即前两年的大学生涯中，训练小组在维持长期稳定的前提下，个别学生换组的愿望也可以视情况而进行调整。进入大学三年级，训练小组就会变得更专业，可以根据教学技巧来进行分组，例如教案编写训练小组、板书训练小组、课件制作训练组等；也可以成立各类研究型训练组，对教育理论、教学方案等进行探讨。培训院校可以根据自己的具体情况，为培训队伍提供导师。但是，与其他实习教师相比，导师的作用应该更加消极，避免拖拽式的学习方式。如果存在拖拽式学习，势必降低师范生的主观能动性，从而影响其在培训团队中的学习积极性。

（三）参与技能竞赛，提升教学能力

教学技能比赛主要包括演讲（讲故事）比赛、辩论赛、书写比赛、学科知识与技能比赛、教学基本功比赛等。

1. 演讲与辩论赛：提高教学语言魅力

演讲（讲故事）比赛、辩论赛能培养逻辑思维、想象、记忆、语言表达和及时反应的能力，为生活和教学工作训练魅力语言。

师范生积极参加校内外比赛，备赛时明确比赛规则、精心准备比赛内容、锻炼语言表达能力，根据德行、才学、胆识等情况，确定演讲或辩论方式（如读稿式、脱稿式、提纲式或即兴式），经过锻炼达到即兴式表达，为教学增强心理适应性、语言技巧性、知识丰富性、注意力集中性、体态和表情适恰性。

2. 书写比赛：塑炼教学板书能力

书写比赛是用粉笔、钢笔或毛笔按照一定要求进行书写水平的评比。师范生参加校内三字书写比赛与板书设计比赛，参加一些地区或书法协会举办的书写比赛；通过比赛促进写字水平的提高，优化版面设计，使字的间架结构合理、笔画流畅，字体大小适中、章法自然、分布匀称，整体观感舒适与美观。通过掌握书写和板书技巧，可进一步理解我国文字和文学的魅力，提高人文素养、书写能力和板书能力。

3. 学科知识与技能比赛：增强学科教学能力

学科知识与技能比赛指对学科知识及有关能力进行的评比，如绘画比赛、舞蹈比赛、弹奏比赛、歌唱比赛、写作比赛、英语知识竞赛、英语演讲比赛、实验操作比赛、统计建模比赛等。这些学科技能比赛融入学术性、思辨性、拓展性和创造性等关键要素，能增强师范生对学科知识的理解，能提升师范生的动作技能、操作能力、语言能力、思维能力、跨文化交际能力、分析与解决问题的能力，为教学活动在增长学科知识与学科教学技能上提供强有力支持。

4. 教学基本功比赛：检验教学综合能力

教学基本功是教师教学的基本素养，是有效教学和提升教学质量的重要保证。

师范生教学基本功比赛应大力强化教学实践环节，包括基础知识、通用技能

和专业技能三部分，其中基础知识包括学科专业知识和教师教育课程知识；通用技能包括粉笔字、钢笔字、口头表达、说课、现代教育技术应用等；专业技能按具体学科来确定。比赛的具体内容根据教师专业标准和各学科课程标准拟定。师范生要提前了解学校每年举办比赛的规程，根据具体内容积极备课与参赛；经过选拔获得省级师范生教学基本功比赛的资格后，积极查漏补缺，针对性地加强知识或技能的学习与训练。

这些技能比赛在一定程度上反映了师范生的学业水平和能力，对其自觉发展教学技能指明了方向，激励其全面认识教学的内容和要求，从竞赛层面完善和提升教学素养。此外，作品展、专业汇报演出、学业成果展、教学社团活动、志愿教学服务、支教以及教师资格证的笔试和面试等，均能使师范生的教学知识和教学能力有所提升。这些活动体现了教学素养养成的实践性、生成性、综合性和自主性等特征，能够增加师范生接触社会、认知社会和服务社会的机会，提高师范生奉献社会、热爱教育的思想品质。

二、教学管理能力养成路径

教学管理能力的培养是一个系统工程，是师范生应必备的基本教学能力。那么，具体如何对其进行培养呢？本书就此问题提出理论学习（间接培养）、实际操作（直接培养）相结合的培养模式。

（一）理论学习——间接培养

加强师范生的理论学习能力是提升其教学管理水平的一种有效方法。首先，要想正确认识和掌握教学管理的真谛，确立新的教学管理理念，必须将外部的教育教学理论内化；不仅如此，只有把教育教学的实际问题提升到理论层次，才能真正了解问题的根源。具体的运作方式通常只有在特殊情况下才会起作用，如果没有理论基础，你就会一头雾水，你不知道你为什么要这么做，也不知道在什么情况下需要做出什么样的改变，具体的实践过程中也会出现偏差，更无法灵活地将方法运用到类似的情景，很难在教学中进行创造性的开发。只有通过对教学管理理论的持续、系统学习，使自己的知识结构得到更新，才能提高自己的教学管理水平。

1. 培养正确管理理念

师范生必须具备的管理理念主要有 4 个：

（1）全面发展的质量观。人的发展是当代教育的主要内容和任务。现代教学管理的整个过程就是人的全面发展。现代教学管理的目的在于贯彻党和国家的各项教育政策，全面提高学生的思想道德、科学文化、劳动技能和身体心理素质，培养德、智、体等全面发展的社会主义事业的建设者和接班人。

（2）以人为本的学生观。学生同时是学习和自身发展的主题，应充分关注尊重主体性（包括自主性、主动性、创造性）和差异性，充分发挥其潜能。

（3）民主合作的教学观。教学是一种双向的教学活动。现代教育管理的进程，既是对受教育者的一种独特的认知，也是一种在特定的时间和空间上的社会化的实践，是一种多向、多形式的相互作用和影响的过程。学生对老师的尊敬，老师对学生的尊重，对学生的独立个性的尊重，形成民主平等的师生关系，让教学管理和教学活动成为师生共同的追求，分享成功的喜悦，从而实现教学的长处。

（4）优质高效的效益观。现代教育管理要以最小的时间和最大的努力最大限度地提高学生的学习效率，体现管理方法的现代化优化，以此来发挥教学管理的作用。

2. 掌握管理的原则

师范生要掌握如下管理原则。

（1）目标导向性原则。教学管理目标的实现是教学目标的实现，是教学活动的起点和终点。教学管理的目的是实现教师和学生之间心理的同步，思维取向的统一，从而形成教师和学生的共同行为取向。教师按照教学管理的目的对教学行为进行调节，以保证教学活动在既定的轨道上顺利地进行，直到达成目标。

（2）主体性原则。培养学生的主体意识，发挥学生的主动性，使学生掌握管理权，使他们充分认识到自己是学习的主体、是学习的主人，进而实现对自己的管理、自主学习和思考，敢于质疑，使学生的学习潜力和创造力得到最大程度的发挥。

（3）面向全体的原则。现代教育管理就像是现代的课堂教学，它必须面向所有的学生，因材施教，层层递进，以适应不同层次的学生对管理和学习的需求，在原来的基础上不断地发展。

（4）知情并重原则。在现代教育管理中，教师应加强对学生的学习与自我管理的培养，以提高其综合素质（自我管理的能力，理解和运用知识的能力，分析问题和解决问题的能力，探索、创新的能力等），在培养学生的非智力因素（动机、兴趣、情感、意志、审美等）的同时，发展智力。注重知情相重，促进学生的全面发展。

（5）开放性原则。现代教学管理要突破以“教师”“教材”“课堂”为中心的“三中心”教学管理模式，要树立开放的思想，紧密联系生产、科技发展、社会、经济生活等方面的实际，将学校与社会结合起来，充分体现“面向现代化，面向世界，面向未来”的精神。

（二）实践操作——直接培养

古人云：纸上得来终觉浅，绝知此事要躬行。作为师范生不仅需要系统地学习理论，还必须在实践中去验证、吸收与时俱进的教学管理技能。主要的直接实践操作的培养方式如下。

1. 学习优秀经验

优秀教师的教学管理经验是最值得我们学习的。我们要学习这些经验，可以去优秀教师的课堂上观摩他们的课堂教学。所谓的课堂教学观摩是一种专业发展途径，是典型的新教师研究其他优秀老教师经验的“做中学”。它有组织化观摩和非组织化观摩两种形式。带着计划和目的的观摩就叫组织化观摩，另外一种形式则没有。

（1）组织化观摩。师范生可以去优秀教师的课堂上现场学习，也可以一同观看这些教师的课堂录像。在这个过程中，师范生要同时注意“听”和“看”。因为它的目的不是考核考评，而是促进教师专业能力的发展，所以经常是水平相等的人之间的互相帮助以及指导。这一过程中有三个主要的部分：第一是观摩前师范生的共同准备；第二是共同观摩的整个过程；第三是共同观摩后的集体讨论。这其中最后一部分是重要的，因为这一部分是无评价、切磋充分的互相讨论。所以，师范生要在这个部分对教案的设计提出恰当的建议，帮助讲课者准备课前需要的资料和其他事项，一同讨论并确定课后将要分析的问题或范围。这么做既能让授课者的压力没有那么大，也能让观摩者们可以真正完整地投入到这节课中。

（2）非组织化观摩。这对观摩者有相当高的要求，为了达到学习的目的目标，不仅需要观摩者的学科基础理论十分扎实，而且还要求他们有极强的洞察力。拿案例教学举例，这是与讲授法相反的教学方法，它通过描述一些存在着相应问题的、细节完备又实际的教育情境指引包括师范生在内的学习者对该教学情境进行讨论。案例教学也是教授理论知识、事物原理最有效的方式。因为，师范生能在案例教学中通过分析以及讨论具体教学情境中的师生反应，总结出其中所蕴藏的基本规律和原理，从而展示出该教学案例中暗含的相关理论知识。然后通过这样的方式帮助师范生更加深入地思考运用理论的方式方法和理论运作的原理，这表现为师范生可以通过讨论这种方式对这个事件为什么应该这样处理做出合理准确的解释。除此之外，有些案例的情形已经有所变化，在这种情况下，师范生需要集中探讨怎么把之前教学案例中总结出来的原理改造成解决出现新变化的案例的方法论。如此，原理就和方法论结合了起来。所以，要在确定教学所用的案例前决定好通过这种教学方式揭示哪些基本原理，之后再确定案例；在案例分析时，要重点分析案例中的重点难点（如教学方法、教学巧思等），尽力寻找案例之中的规律，旁枝末节再具体也是无用的；要用包容的心态去面对与自己不同的观点建议；最后进行案例分析的总结。

2. 加入行动研究

行动研究是指为了改善教育环境、提高教师和教育管理人员的教育实践及其对自己实践工作的认识，需要教学前线的工作人员和各位相关领域的专家、学者共同合作的活动。师范生可以在自己见习、实习过程中积极参与行动研究。由于师范生是以教师身份参与行动研究的，故而下面我们都采用“教师”这一指代，使叙述更为明确。

对于行动研究，目前有三方面的阐述。第一，它是一种教研结合的工作方法，它要求教师结合自己的教学状况，在行动（即教学实践）中研究和解决问题，这样才能使研究工作变得更有意义。第二，它是一种旨在改进的方法，比日常经验总结要完善，因为它要求教师对有关情况作充分的了解，依据有关理论认真思考，按计划谨慎行动。最后，行动研究的价值不在于理论的完成与新知的获得，而在于实际问题的解决状况。

（1）行动研究可以按照不同角度进行分类

按研究最终目的来分有：① 教师研究的目的是验证与教学实践问题有关的理论假设，需进行实验或调查，并统计数据；② 教师为寻找自身教学实践中的问题的办法。可使用访谈、测验或问卷调查法等科学的方法，可能有教学日记、录像、课后小结、教学自传、合作自传等，还可以参考教师自己的资料，比如教学日志、微型课、课后总结、教学自传或者合作自传等；③ 批判性地反思教师自己的课堂教学实践。

根据参与者的角色分工可以分为这几种：① 是独立模式，教师一个人进行，通过批判式反思教学的实践来根据不同的情景使用相应措施改进教学；② 合作模式，教师与相关领域的专家（大学科研人员或资深教师）一起协商提出的研究问题，研究方法、程序及评价标准则由双方共同完成；③ 支持模式，这种模式中的教师有很大的自主性，可以选择自己想要的研究问题，然后确定研究方案，而作为咨询辅助者的专家或其他教师则需要帮助教师形成理论假设、安排具体研究方法，并共同评价研究过程和结果。单个教师在最开始开展教学研究时，根据自身经验和研究理论、方法的不足，最好彼此之间形成合作支持小组，2~5 名成一个小组。分工合作与相互支持决定了合作最终的效果，所以教师需要处理好组员之间的关系。

（2）行动研究流程

第一步：寻找和定性问题。教师在教学中遇到难点、出现疑惑、觉得难以理解时，不仅可以接着分析问题和疑惑的本质、关系和产生的可能原因，还需要明确问题的范围。

第二步：合理假设。遇到问题时，教师会在脑海中分析可能的原因，这些原因还不足以成为研究用的假设；要让这些原因更加合理，教师需要搜寻、汇集和研究文献资料，通过这些掌握其他人遇到此类问题时的分析和假设、技巧、探究工具、步骤和最终的结论；还需要结合本身的疑惑得出可检验的假设和探究方案。方案必须完备具体，包含多方面的内容，比如探究对象（样本）、探究工具（问卷调查或量表、教材、教法等）、探究方法（调查法、观察法、访谈法、文献分析法或是实验法）、探究步骤，等。所以，假设不仅包括自己对自身遇到的问题的解释，还必须包括检验假设的方法。

第三步：验证假设。实施第二步中假设的方案，搜集并探究实验得出的结果（如问卷调查或实验数据）。

第四步；得出结论。教师分析资料和数据，得出建议和推广方法。

以上步骤之间的关系就是首尾呼应，曲折前进、环形发展。

通过切实地参与行动研究，教师将对实践中的教学管理会有更为清晰的认识，也能更行之有效地处理有关事宜、解决相关问题，真正提升自己的教学管理能力。

三、教学科研创新能力养成方法

要培养好师范生，就必须突出训练和增强他们的创新意识和能力以及科研能力，把他们带到学科、专业的前端领域中来；师范生学位论文的选题和研究工作尤其要重视，我们要鼓励学术研究生探索相关领域的科研难题或学术前端课题；在论文题目的选择上，要鼓励理工科学生选择正在实践中的课题或者教育界的教学问题，引导他们发现并探索解决实践中的课题；要通过国内外的学术交流为学生创造了解学术发展动态的更多机会；我们还要警告师范生杜绝剽窃他人成果或数据，严守学术研究规范和道德，

（一）开设教学探究课程，提供学习平台

1. 教育探究课程的开展是有必要的

师范生直接获取科研相关知识和方法的直接途径就是教育探究类课程，这有助于师范生训练自身的科研思维能力和增强科研动手能力。所以，教育研究类课程无疑是师范生课程培养体系中旨在提高师范生教育科研能力的重点课程。近几年，我国强力推行的素质教育的新亮点无疑是掌握灵活有效的研究方法的教育思想。教育研究不仅把理论和实践活动集中在一个课程中，还能有益于学生的终身学习。

第一，这个课程具有较强的开放性，学生与学生之间可以随时进行互动，挑战性很强且在可控范围之内。学生能在分组中自由讨论，与其他人一同感受规律的奥妙，从而获得直接的教学体验，学生解决问题的能力也在不知不觉中得到了提高。第二，这个课程把高校课程中原有的仅限于课堂的学习内容扩展到了社会层面上。第三，因为这个课程具有丰富、实用的内容，贴近生活的灵活形式，多

样的方法途径，所以学生在解决问题的时候能够从不同的角度使用不同的方法。多样的研究知识和方法也是学生以后的工作学习中的牢固基础。

世界许多发达国家当下都十分重视培养新教师的教育科研能力，促进其专业发展，所以开设了许多教育探究课程。比如，英国的师范教育课程中有一个“专业研究”课程，这个课程就是专门为了师范生开设的，主要研究与教师职业相关的各个不同领域，让他们明白教育的步骤和规律，从而完整地认识到教育理论和实践之间的问题。然而，我国现在许多高师院校开设的教育教学研究方法课程的实施效果却很一般，不重视创新教学模式和课程评价，这已经与科研类课程教学的基本规律背道而驰。教师仍然是课程的主导，因为以讲授为主，所以学生亲自动手的几乎很少，不符合科研实践的开展目的，还需要我们进一步完善。

2. 教育探究课程的教学模式

设置可行的、专门的教研素质培养课程对于未来教师教研素质的培养是非常有必要的。这个课程把学生的创新能力作为培养的重点，但在课程开设之前要评估学生的基本素质，通过对他们研究经历的调查来了解学生的教研能力。

第一，教师要通过有针对性的教学活动帮助学生确立规范的学术研究意识和形成初步的教研能力；第二，针对学生在学术研究方面的薄弱环节附加一些适合学生特点的教学内容；第三，要最大程度地激发学生的创造力，例如对课程考核方式进行改革，要求学生在所完成的研究过程中出现创新性特点。

开展教育研究课程在开展过程，协作发现学习是一种十分有效的教学方法。因为教学探究本身具有需要学生之间合作的特点，所以合作发现学习在这个课程中是不可或缺的。这个课程同时也是一门有很强实践性的应用课程，课程中所有的具体的研究方法需要将学习的理论基础运用到真实的探究实践中去，这就特别需要学生用自己的实践、分析、研究和体验等具体的步骤来构建知识的意义。如果要达到这个目的，学生就必须运用发现学习的方法。大部分的研究方法的实施都需要借助一个具体的研究项目来实施，一个学生不能完成一整个研究项目的设计、实施、分析和整理，而实施多数的研究方法都需要借助一个具体的研究项目，所以用小组式的合作学习来完成任务是不可避免的。例如，在一次调查研究中，研究小组首先要做的是确定研究什么项目，然后再确定如何进行研究及方案，还需要决定各个组员分别负责哪部分的内容。这些内容包括搜集文献、汇总原始材料，分析讨论原始材料，做出质性研究报告的雏形；然后，根据雏形设计和制作问卷，对制成的问卷进行初步测试和调整，以成为满足要求的成型问卷。最后发放问卷、进行实测，汇集、整理并分析搜集到的数据，然后做出研究报告。

合作发现学习有益于心理学研究方法应用到实践中去，有助于学生进行意义学习。教师要在学生进行合作发现的时候扮演好组织者、适当参与者、总规划师、鼓励者和促进者的角色，还需要适当地指导和参与到这个过程中来，在这个过程中促进学生的相互合作、积极创新，尽早过渡到互助和分享的学习模式。

我们在建设现代高师课程体系时应尽可能地重视和突出教育类课程，增加这类课程在总学时中的比例。在教育类课程中开设教育研究方法论科目作为必修课，为了培养学生的研究型理论思维、提升学生的研究型思维水平，我们还必须在教育类课程中开设教育研究方法论的必修课。开设教育探究课程是为了让学生知道怎么进行研究实践，而不是只掌握“什么叫方法”“方法有哪些”的简单理论。

为了充分重视教育探究类课程，高师院校不仅要开设，而且要解决存在已久的、教育科研课程有科研之名而无科研之实的问题。高校要在教育探究类课程中提供具体的探究情境，这样才能让学生获得和应用研究方法，在实践和感官的基础上理解研究方法的深层意义，指引学生严谨治学、积极思考，让他们投身调查研究、积极总结分析，在实践中进行科研。

（二）学生积极参与，教师全面引导

1. 结合教学与研究，形成“课题教学模式”

包括导师和相关的指导老师在内的相关教师在师范专业教育教学研究能力的培养中有着十分重要的作用，也肩负着十分重要的责任。作为教师，必须把教研与教学融合起来。

把教研和教学融合起来，一方面是要让教研的目的、方法以及成果在教学的各个环节中体现出来，如为了让学生了解里面的研究方法，教师可以向学生介绍一些前端的科技信息和科研成果；另一方面就是把教学的目标、内容、环节等运用到教研过程中，如教师在教学过程中为了激发学生的教研意识，可以向学生提问教育教学中还未解决的问题。

课题教学模式就是一种将理论和实践融合起来的教法和学法，这种模式既能

够提高教学质量和教师的教学能力、专业水平，又能够培养学生的教学研究能力，让学生有目的地主动地学，从而使他们的教育实践性活动效果更好。

这种模式具体可以分为 5 个时期。

首先，把学生分成小组，通过“拜师学教”活动到各自分配实习的学校进行参观，旁听小组要指导老师的课堂，认真聆听实习学校领导的介绍，举办小学生座谈会等，在这个过程中收集需要解决的教学问题。

其次，归纳整理搜集到的问题。各个小组根据自身情况跟指导老师或者教科室老师确定一个或者几个有关的课题。然后，从教育思想、教育理论、教学方法等方面进行研讨和学习。在此过程中，最重要的是学生能在老师的指导下根据课题有目的地大量阅读有关教育、教学的书籍，查找、摘抄有关的文献资料。有关研究表明，学生最不满的就是时间支配不自由。教师可以根据研究的实际情况提供一定的自由活动时间来让学生充分阅读教育理论书籍、教育科学家的传记、大量的教育报刊和各学科的学史等，这样能够累积相当多的有关资料。

然后，学生再回到原实习学校实习，通过备课、上课、评课、调查等活动检验在实习学校学到的新观点、新理论、新方法，从而进一步取得教育教学的经验和感受。还要要求学生坚持写“一课一得”，即学生无论是听指导教师一节课还是自己上一节课，都要在课后写一篇学习或教学体会文章，同时积累有关素材和数据材料。

接着，学生重新回到实习学校学习，针对在教学实践中取得的经验和发现的问题再次进行讨论学习，进一步强化知识，提高理论水平和教研能力。与此同时，学校可以组织一些教研活动，聘请专家学者来校给学生讲学。

最后，总结课题，写出教育教学小论文。这时，教师应注意指导学生如何进行论文写作。开始写课题时，范围可以小一点。学校可以邀请教育杂志社的编辑来开展论文写作的讲座，并挑选优秀的文章在学校的教研园地和教研简报上发表或向教育杂志社推荐投稿。

2. 调整制度，鼓励学生参与教研

师范生们平时教学研究或者参与教学研究的机会就不多，而高师院校的教师也就是师范生的老师或者指导老师们大部分都需要研究一些学科课题，他们身上的严谨的科学研究精神以及多样的研究办法正是在这些学科课题的研究工作中磨炼出来的。因此，师范生们更需要参与到相应教师的学科课题研究中去，学习和借鉴教师严谨的科研精神、科研思想和科研方法。在这个过程中，师范生还必须认真听取教师们的讲授和指导，认真学习指导老师的科学思想和科学方法。指导教师还可以让学生有选择地加入到一些课题研究的过程中，与教师一同进行教学研究，师范生能够在这个调研过程中增加知识、掌握技巧、提高自身的教研能力。

对于师范生们来说，教学研究尤其是一个艰难摸索的过程，教研的每一个环节，包括选题、查阅文献、研究假设、论文研究写作等等这些无一不是困难异常。因此，教师更要认同、理解和鼓励师范生的教研成果。具体措施包括：第一是可以制度化学生科研能力评价，教育科研也能够作为学生学习内容评定的一部分；第二是由此确立教研表彰制度。把物质和精神上的奖励颁给那些教育科研意识较强、教育科研能力较突出的学生，通过这种方式来激发学生转变观念的动力，形成未来教师的新形象；第三是高师院校要向学生提供发表园地来给学生展示教养成果的机会。学校也可以通过网络建设给学生提供科研成果的网络发表平台。另外，高师院校还可以举办展览，向学生以及社会展示学校学生的优秀科研论文、实验报告、调查报告、教育信息手抄报、经验总结、教育信息记录本、优秀的教案设计、教具以及实用的创造发明成果等。学校的学报校刊上也可以设立学生教学研究论文以及成果专栏等。老师和同学对学生教研成果的认同有助于使师范生的自我价值得以实现，也会使师范生的尝试更加大胆，由此应当在院校内形成良好的教研新风气，有助于将来教师教育教研能力的提高和发展。

（三）训练论文写作，提高写作水平

论文的写作对培养提高学生独立思考能力和教研能力的效果是十分明显的。这一点师范生教育中尤其明显，因为师范生的毕业论文既是学生教研能力的综合性体现，也是使学生教研能力趋于综合化和系统化的一个宝贵机会。

经过学校课程理论的学习和一定的教育实习，师范生能够具备一定的教育理论专业理论和实践经验，培养了教研意识，也学习了一定的教研方法，他们的独立研究能力也有了一定的提高。这时师范生已经积累了大量的教研能力，而如果要提升这些教研能力的质量，那么他们毕业论文中的教学实践部分是必须要做的。师范生毕业论文的重要性还在于它能够体现出师范生大学 4 年专业知识与能力的总积淀，也为学生开展科学研究训练、独立进行科学研究提供了机会。从这个层面上讲，师范生的毕业论文质量可以成为高师院校师范生在校 4 年期间所掌握的专业基础知识、基本技能和基础研究能力的标准。它是整个大学教育阶段的最后一个流程，所以既是学生教育研究能力的实践练习，也是教育研究能力的检验标准。因此，高师院校既要重视教育实践中的基础掌握、过程和实践，同时还要重视师范生毕业论文的教学工作，这样才能提高师范生教育教学研究能力。

在教学过程中，教师可以把学科课程论文作为考查学生的一种方式，它不仅可以考查学生对知识的理解和掌握情况，还可以加强学生教育研究能力的锻炼。

一般高师院校的师范生通常都是在临近毕业前的那个学期开始毕业论文的写作，明确毕业论文的格式和要求可以更快地提高学生的实际研究能力；另外，学生在进行每学期的期中和期末作业写作时，可以写成小论文交给老师，这样也能加强学生论文写作能力。学生可以在指导老师的帮助下挑选自己感兴趣的研究课题，然后独立设计论文提纲，查阅相关的文献资料，践行研究计划，论文写作完成后再交给指导老师进行指正，指导老师给出意见后，根据修改建议进行修改，最后做出研究的总结。这个过程既需要学校相关指导老师的指导，也需要师范生发挥自己的主观能动性和创造性。这样在这个过程中，他们的科研水平和能力可以得到真正的提高。总的来说，培养师范生的教育教学研究能力不仅有很大的可实施性，而且是十分必要的。如果高师院校能够重视这些问题，那么师范教育的质量必将有新的提升，必将培养出能够适应新的世纪教育挑战的未来教师。

第四章　师范生的专业素养及其养成路径

本章对师范生的专业素养及其养成路径进行阐述，主要分为四部分内容，分别为师范生的专业知识素养、师范生的专业育人素养、师范生的专业发展素养以及师范生的专业素养养成路径。

第一节　师范生的专业知识素养

师范生一切学习活动的目的指向都只有一个，即为了使自己胜任教育工作的特殊需要，努力成长为一名优秀教师。要实现这一目标，师范生就必须努力学习与教育工作相关的知识，做好充分的知识准备，夯实相应的知识基础，从而形成自身专业知识素养。专业知识素养是师范生更好地规划职业生涯并将这一规划付诸实践，为从事教育工作做好入职准备的必由之路。师范生应该学习哪些知识，形成什么样的知识结构才算合理呢？

一、师范生应具有的专业知识

基于我国师范生的实际，本书将师范生需要准备的专业知识概括为 5 类。

（一）本体性知识

所谓的“本体性知识”，指的是师范生将来拟任教学科的知识，是“教什么的知识”。教师职业是一种具备双专业性的职业，它兼具学术性与师范性的二重性特征。更清楚地说，本体性知识是指师范生要掌握的学术性知识、相应学科的专业性知识，而非教育专业知识、师范专业知识。

本体性知识对师范生的重要性在于它是教师从业的资本和基础，是教师从业人员之所以能够身为人师的起码条件、基本资质。从原本意义上讲，教师是一个教人知识、传递文化的专门行业，教师职业诞生的最初缘由就在于其“闻道在先”，先于学生一步掌握了要传授的知识，这些知识就是教师的本体性知识。

看不懂教材、对所教知识一知半解、知识水平甚至低于学生的人是不可能当教师的。换句话说，教师的任务目标就是给学生传递最准确、最完整、最先进的知识，因此教师在所任教学科、本专业知识上必须立足于最前沿。相关的研究也证实在特定的条件下，教师教学的有效性、创造性和其掌握的本体性知识相关联。目前，学科发展的日益分化、学科门类逐渐增加、学科与学科之间的关联性慢慢增强，在这种情况下，教师需要系统学习掌握本学科及相关学科的所有知识才能教授中小学的一门课程。

因此，新时代、新变化下的师范生为了更好地胜任未来的学科教学工作，只能使自己的知识面更加宽广，更加全面、系统地掌握所教授学科的发展历史、现状、趋势。比如，要教授中小学语文学科，相关专业的师范生不仅必须掌握语文的基础知识、阅读古今中外的各家文学著作，还必须具备逻辑学、哲学、历史学、地理学等与其相关联学科的理论知识；再比如，相关专业的师范生要想教授中小学数学，就必须对算术、代数学、几何学、物理学、微积分、统计学等数理学知识有较为深入的掌握。

在此，我们也可以把师范生要掌握的本体性知识分为两类：一类是在未来的教学中直接向学生教授的知识。如以语文学科教学为例，语文基础知识、中小学语文课本中直接涉及的阅读篇目等，它们构成了教师本体性知识中的核心，我们可称之为核心知识。另一类是师范生在将来教学中不会直接遇到的学习内容，但它们对教学活动的顺利进行却具有辅助性功能的知识。如对语文教师而言，逻辑学、美学、历史学方面的知识就是这类知识，它们构成了教师本体性知识构成中的边缘，我们可称之为边缘知识。因此，教师所需要的本体性知识应该包括两类：核心知识与边缘知识。

（二）条件性知识

所谓“条件性知识”，它是指师范生在顺利从事教育教学工作时所必需的专门知识，是区别于其他行业人员的教师所特有的知识类型，是“如何教的知识”，直接服务于教师的教学活动设计和展开，其主体构成是学科教学论知识、一般教学法知识、教育心理学知识。从其与教学活动的关系来看，学科教学法知识是教师可以直接操纵和使用的最为具体的知识，一般教学法知识与教育心理学知识是学科教学法知识的产生基础，它们与教师教学活动的关系相对疏远一些。

师范生胜任教师的基础是拥有所教授学科以及相关联学科的基础知识（也就是本体知识），而其胜任的直接条件则是要有条件性知识。教师这个职业的特殊性就在于其具有将学科专业知识传递给学生的能力，所以条件性知识就是教师所特有的一种知识和能力，也是教师这个职业具有专业性的根本原因。具体而言，教师的条件性知识包括三大类。

1. 教育心理学基础知识

它主要指保证教师在教育工作中获得成功的教育学知识与心理学知识。任何教育活动的程式、方法、策略的形成都是建立在教育工作者对教育现象及其本质的理解之上的，都是以科学的教育观念、教育知识、教育理论为支撑的，教育学基础知识的习得可以增进师范生对教育工作的理解，深化其对教学过程的认识，进而不断提高教育工作的效能和水平。因此，教育学基础知识是教师设计、组织、开展教育教学活动的必备知识。同时，心理学知识虽然不能给教师以现成的教育活动建议和指导，但它能帮助教师理解学习者的心理活动规律，理解学习活动背后的心理机制，理解学习者的认识、个性、品德的形成过程，从而有计划、有针对性地开展相应的教育教学工作，提高教育教学活动的科学化水平。所以，教育心理学知识是教师条件性知识中的底层内容。

2. 一般教学法知识

它主要指超越具体学科的课堂管理和组织的广泛原则与策略，包括教学理论与策略、教学方法、教学模式、教学测量与评价、教学的伦理和道德、学生心理辅导的理论与技术、班级组织与管理等。一般教学法知识在教师的条件性知识中处于中层位置，它是将教育学基础知识转化为学科教学法知识的中间环节。教学法知识在教师的所有任教学科中具有普遍迁移力，它形成了教师的基本教育素养，是教师胜任多种学科教学的基本条件。

3. 学科教学法知识

学科教学法知识教师将一般教学法与自己任教的学科教学相结合形成的教学知识就叫学科教学法知识，学科教学论是它的主要来源。每一门学科都有自己的概念系统、知识体系、发展规律、探究方式等，这说明每门学科都需要适合自身的教学方法体系。例如，理科教学和文科教学不同、数学学科教学和英语学科教学也不同，因此教师应该在所教授学科特点的基础上创造一种最适合的教学方法体系。在一门学科中，所有该学科的教师在一般教学法知识的指导下，通过长期教学实践中摸索出来的一整套知识、理论就是学科教学法知识。所以，学科教学法能够使师范生快速进入本学科教师的角色，尽快适应本学科教学的需要，因此学科教学法是师范生必须要学习的知识。

教师条件性知识的构成情况如图 4-1-1 所示。

图 4-1-1 教师条件性知识结构

（三）工具性知识

对教师来说，本体性知识学习解决的是要向学生教授什么的问题，条件性知识学习解决的是怎样向学生教授这些知识的问题，而工具性知识学习解决的则是用什么工具和媒介来实现知识教授的问题。我们认为，教师在知识教授中至少需要 4 大工具：语言、教育技术、课程开发和教育研究。这些知识的共同特点是：它们都不直接参与教师的教学活动，只是教师开展教学活动、提高教学活动效能的工具而已，故称之为工具性知识。其中，语言是教师传授知识的基本工具，教育技术是教师传授知识的重要辅助手段，课程开发是教师把本体性知识转变为学生易于接受、理解的知识的工具，而教育研究知识是教师反思教学、认识教学、学会教学、改进教学的基本工具。总之，教师从教所必需的工具性知识包括 4 类：即语言知识、教育技术知识、课程开发知识与教育研究知识。

1. 语文知识

所有师范生必须拥有语言、文学两方面的基础知识，能够熟练地使用本民族语言进行听、说、读、写，具备较高的表达能力和文学素养。不然，师范生就很难顺畅地开展本学科的教学活动。因此，我国的师范生必须学习《大学语文》、获得普通话三级以上证书，这两项是对所有师范生语言文学的基本要求。

2. 教学工具知识

教学工具知识包含的内容十分广泛，包括多媒体课件开发、网页开发与制作、文字处理常识、制作教学电影、现代音响设备使用、CAI技术等。为了把枯燥、抽象、生硬的教学内容转化成为生动、活泼、具体的教学课件，教师必须学习这些教学工具知识。只有这样，才能大大提高教学的效果与效率。师范生没有这些知识就难以适应未来教学手段现代化的需要、无法掌握现代信息化教学技术是显而易见的。

3. 课程研发知识

课程研发知识主要包括书本课程开发的知识和课外活动课程开发的知识以及课程设计、编制与实施的知识和课程评价的知识等。新基础教育课程改革目前正在紧锣密鼓地进行着，所以研发新课程不仅是教师的权利也是义务。作为师范生，只有认真地掌握新课程研发的相关方法技术与知识，才能在参加工作后做好各项教育教学工作。

4. 教育研究知识

现代教学的重要特征之一就是教师被赋予了更多的主动权和自主权，教育研究权即是其一。教育研究是教师创造新的教学活动形式，提高教学质量的重要途径之一。它不但是教师创造与更新教学形式的必需条件，还是教师自我发展的需要，开展教育研究工作是促使教师走向成熟的捷径。在教师的知识结构中，教育研究知识主要包括选择课题、组织实施研究活动、撰写研究报告、选择研究方法、收集资料信息、处理研究资料等方面的知识。学习这些知识是师范生在未来教育工作中不断发展、走向成熟的依托，故它是当代师范生知识结构中不可或缺的组成部分。这些知识的掌握也是师范生具备前文中所提到的教学科研创新能力的基础与前提。

（四）经验性知识

在教师知识结构中，经验知识十分关键，因为它在教师的日常工作中发挥着比较特殊的功能。教育教学工作是一项尤其需要在实践中积累经验的工作，实践性是教育教学工作的根本特征之一。这个特征就决定了教师需要结合自身的理解、经验和教育情景、实际，将教育知识、教育理论创造性地、灵活地转化为一种实践知识之后才能用于实践。所谓经验性知识，就是指教师在使用常规的教育教学知识解决个别特殊性的教育教学问题时产生的一种知识类型。因此，它也是“应用化的知识体系”，是教育教学知识具体化、实践化的体现。经验知识的根本特征是情境性、实践性，它跟教育教学实践主体、教育情境、教育活动有着直接关系。经验性知识常常是个人难以说明的，一个教师只有具备了这种知识，才能灵活、有效地进行教育教学实践，才能解决教育教学活动中的各种问题。

经验性知识主要体现为教育教学实践中教师的教育教学智慧、教学策略知识和教学案例知识。教育教学智慧是指教师在面对突然事件时表现出来的机智、灵活、有创意和效果的处事方式和诀窍；教学策略知识是指在教育工作中，教师如何创造性地运用教育教学知识、经验去解决教育教学中的具体问题，比如组织教育教学内容、选用教学方法，科学地指导与训练学生等；教学案例知识则是生动的教育案例、课例，这些是教师经验性知识的一种形象表现形式。师范生的这部分知识主要是在教学见习、实习中获得的，教材与课本中是没有的。

（五）背景性知识

教师的所有教育教学工作都是在一定的社会背景、教育情景、文化背景中进行的，对其有所了解并具备相关的知识是教师顺利推进教学工作的条件之一，对这些社会背景的了解和认识构成了教师的背景性知识。在教师的教学活动中，尽管背景性知识不直接参与教学活动的进程，但它却能够在这个进程中产生加速或抑制的作用。因此，一定的背景性知识是师范生所必需的。影响教师教学活动的背景性知识主要包括以下 4 种。

1. 普通文化知识

这种知识是生活在一定地区和历史阶段的人所共有的知识，是师生进行交流交往的文化基础，如有关本国或本地区的历史发展、地理概况、物产人情、风俗习惯等的知识。

2. 教育价值与信仰的知识

在某一地区，总有一种大众所公认的教育价值观或教育信仰系统，它是教师开展校本教育教学工作的精神氛围和软环境。教师在从教时必须尽可能地尊重这些教育价值观、教育信仰，并在可能的情况下对其加以改进。

3. 教育政策法律知识与师德知识

教育政策法规和教师职业道德是教师在从教过程中必须遵循的行为准则，它规范着教师的教育行为，保护着教师的教育权利，赋予教师的教育活动以秩序性。只有了解这些知识，师范生才能确保自己将来的教育行为具有合法性和合理性。

4. 教育背景知识

教师不仅生活在一定的社会背景之中，还生活在一个小的生活环境之中。因此，教师必须对周围的人、事、物熟悉，对教师自身与教育对象——学生有一定的认识和了解。关于教师自我的知识、学生的知识、教育情景的知识都属于教师的背景性知识。

在教育工作中，教师的上述知识类型密切协作、融为一体，形成一个整体结构，共同服务于教育目标的达成。探讨教师的知识结构，认清各种知识在教师发展中的地位和功能，是帮助师范生更好地调整学习方向、设计未来职业生活、适应教育工作需要的有效方式。

二、师范生应建立的知识结构

新时代背景下的师范生需要建立怎样的知识结构才能顺应新形势教育教学工作的需要呢?

我们的社会目前是一个日新月异的社会，唯一不变的反而是变化。合理的知识结构绝不是固定、静态的，而是处在动态发展中的，需要与时俱进、更新换代的。所以，发展性就成为适当的教师知识结构的根本特征之一，而围绕教育教学工作的需要不断更新换代则是这个知识结构以不变应万变的一块基石。由此，我们猜想适当的教师知识结构应该是“树形”的，“树形知识结构”才是新时代下的未来教师（师范生）知识结构的理想状态。

如图 4-1-2 所示，合理的教师知识结构应该是一个不断生长、向前发展的系统，各种知识类型密切关联、相互支持、协调配合、有机统一，进而构成了一个从基础知识层到核心知识层再到边缘知识层不断生长、延伸的树形图。在教师知识结构中，每种知识都拥有一个合理的位置，都发挥着一定功能，它们在相互协作中共同服务于教师教学活动的开展。具体而言，教师知识结构包括四个重要环节。

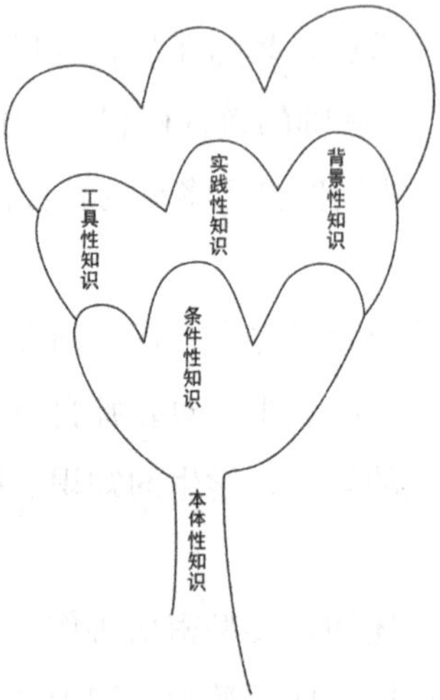

图 4-1-2 “树形”教师知识结构

第一，教师知识结构的基础是本体性知识，即“教什么的知识”。

本体性知识是教师知识结构大厦的根基，是教师之所以能够胜任教师角色的基本条件，是一切其他教师知识类型赖以生存之“根”。教师工作的实质是通过教人以知识来服务于社会，来促进年轻一代的成长，故教师的专业知识、任教学科知识是确立其在教育行业中社会地位的一块基石。缺乏一定学科专业知识，教师的其他知识，如条件性知识、工具性知识、背景性知识就没有存在的必要；而教师的其他知识类型只有生于、附着在教师的本体性知识基础之上才能展示其存在的价值和意义。

第二，条件性知识，教师知识结构的本质和核心是“如何教的知识”。

能够胜任教师工作的人不一定是有相关知识的人，而一定是拥有教育专业知识的人。这样的人才可能胜任教育工作，才可能懂得怎样教书。所以，条件性知识才是教师职业的特色性知识，是教师知识结构具有特殊性的原因。换句话说，条件性知识就是教师知识之树的“干”，是其教学工具性知识、经验性知识和教育背景性知识的支撑。当然，条件性知识的功能也是传授本体性知识，是扎根、生长在教育本体性知识之上的。因此，条件性知识为了顺利发挥自身功能、实现对学科知识的传递，也必须积极地适应本体性知识的特点。

第三，教师知识结构的重要构成是“教学相关知识”，即工具性知识、实践性知识和背景性知识。

在教师知识结构中，工具性知识、实践性知识、背景性知识显然处于边缘地位，它们构成了教师的“教学相关知识”，在教师的知识传授过程中发挥着辅助性功能。应该说，没有这些知识，教师的知识结构必然是残缺的，教师是无法顺利实施其教育教学工作的。其中，工具性知识是教师知识传授过程的辅助性媒体，实践性知识是教师准确应用条件性知识、教育理论的重要桥梁，而背景性知识是教师理解、认识教育活动过程的辅助性信息。有了这些知识的配合，教师利用条件性知识对本体性知识的传递过程才可能是一路无阻的，教师的教育工作也才可能实现顺利推进。

第四，教师知识结构的统合部是“学会教学”。

在教师知识结构中贯穿着一条主线，那就是所有知识都服务于教师“学会教学”这一实践目的，都以服务于教师发展为归宿。所以，帮助教师“学会教学”是所有教师知识类型的统合部，是将所有教师知识融为一体、关联在一起的纽带和隐线。帮助教师“学会教学”不仅是将所有教师知识以结构化的形式连接起来的主轴，而且还是推动教师知识结构实现开放式增长的动力，是赋予教师知识结构以开放性、动态性特征的根源。换句话说，正是由于教师有“学会教学”的意图与目的，教师才会不断去学习新的教师知识，拓宽教师知识的广度和深度，从而使教师知识结构时刻处在动态性地增长、延伸之中。如果说教师知识结构之树是“长青”的，是不断生长着的，那么，支撑这一“生长”活动的动力源就是教师“学会教学”的热情和冲动。也正是基于此，教师知识结构应该是动态开放的，发展性是其根本特征，“树形”是直观地描述教师知识结构的一个最佳图式。为了胜任未来的教育工作，每位师范生都应该将其作为参照，努力完善和改进自己的知识结构。

第二节　师范生的专业育人素养

“师者，传道，授业，解惑也。”教师的第一责任或任务是“传道”。师范生作为国家教师队伍的绝对后继者，承担着为国家和社会培养各种人才的重任。这就要求师范生从大学时代起为自己以后从事教书育人工作做好各方面的能力、素养准备。在上一章中，我们重点对师范生的教学能力进行阐述，然而我们都知道，教师在讲台上不仅仅是教学，还需把“育人”当作重中之重。因此，师范生在大学期间，需要不断提升自身专业育人素养。只有如此，将来走上讲台之时，才能将传授知识与引导学生全面发展相结合。

一、师范生为何必须具备专业育人素养

师范生之所以必须以育人为本作为教学理念、培养专业育人素养、自觉在学科教学中有机进行育人活动、有效地教育和引导学生，是因为师范生是国家未来的人民教师，他们身上肩负着培养德智体美劳全面发展的社会主义建设者和接班人的根本任务。

（一）育人是我国社会主义教育的根本目的

从人类社会教育发展的历史中可以看出随着教育现象的产生，教育者就立即拥有教书和育人的双重职责，教育在社会生活中的地位和任务决定了这一现象。不管什么时代，教育的根本任务一定是培养当时社会、特定阶级所需要的人才，这个任务要求培养的人才既有一定的文化知识水平，又有当时社会所需要的思想意识、道德品质和价值观念。“德才兼备”就是说明教育者必须既教书又育人。

在我国，教育的根本目的是培养德智体美全面发展的社会主义建设者和接班人。1978 年，全国人大五届一次会议通过的《中华人民共和国宪法》规定，“教育必须为无产阶级政治服务，同生产劳动相结合，使受教育者在德育、智育、体育几方面都得到发展，成为有社会主义觉悟的有文化的劳动者”。在以经济建设为中心的改革开放时期，党的十二大提出，要教育青年成为有理想、有道德、有文化、有纪律的人。我国社会主义教育目的的提法是由社会主义性质决定的，这也是社会主义建设事业持续推进、向前发展的根本保障。作为党和国家教育方针的执行者，教育工作者必须在教育劳动中紧紧围绕我国社会主义教书育人的目的，

既要向受教育者传授科学文化知识以培养其智力和能力，又要主动地用高尚道德去塑造其品质。

（二）育人反映教学规律对教师教学的高要求

教书是为了育人，“教”的目的是“育”。从教师的角度、从师生关系的角度来看，都应当处理好教书与育人的问题。教学永远具有教育性，任何一门文化知识课都渗透着思想、政治、道德的教育因素。这就要求教师在传授文化知识的同时，必须挖掘教材中的育人因素。另外，教育工作者的教书行为本身也包含丰富的育人意义。在教育劳动中，教育工作者对教育对象表现出何种感情，对教育工作抱何种态度，对处理与受教育者以外的其他人际关系中显示出什么样的胸怀，对社会、人生持何种观念等，这些对受教育者人生观、价值观的确立，以及思想道德素质的形成，都具有十分重要的意义。正因如此，师范生应该牢固确立教书育人意识，不断提升教育教学艺术，培养育人素养，探究教书育人的内在规律，这样才能在未来工作中真正把受教育者培养成为全面发展的社会主义建设者和接班人。

部分师范生可能有这样的疑问，即认为“专业育人素养”一词太过抽象，不知应当如何理解。实际上，“专业育人素养”反映到现实教学实践中，则表现为对具体育人方式的运用。具备专业育人素养的师范生，能够在教育过程中采用科学、合理、行之有效的育人方式，真正达到教学育人的目的。下面，本书将对教师育人方式进行详细阐述。

二、教师育人方式的类型和特点

教育改革的不断深入和素质教育的全面实施使育人问题显得更加重要。教师在教育、教学过程中表现出来的特定行为模式概括了教师的各种教育行为，它是一种相对稳定的行为模式。教师教育学生的方式和态度深刻影响着学生认知、情绪、自我评价等方面的发展。教师是教材改革和教法更新的实施主体，也因此对教师素质提出了更高的要求。所以，自身育人方式的形成和锤炼是培养良好教育教学能力所做的必然准备，师范生更要非常重视和培养自己的育人方式。

（一）教师育人方式的含义

教师在教育教学中所表现出来的特定行为模式就是一名教师的育人方式。育人方式包括教师如何与学生交往，如何对待学生的要求，怎样运用奖励批评等方面。它是对教师各种教育行为特征的概括，也是一种相对稳定的行为风格。一名教师的育人方式会直接体现在师生互动过程中，深刻影响学生认知、情绪、自我评价等多方面的发展。教师会采取不同的态度、情感和方式来跟学生交往互动，所以教师的育人方式一直是教育工作者和心理学工作者探讨和关注的课题。

（二）教师育人方式的类型

根据近年来教育工作者和心理学工作者的研究成果，教育界一般把教师的育人方式分为民主型、权威型、放任型和极端型 4 个类型。

1. 开明型

开明型教师具有较高的民主开明意识，他们既严格要求学生，又尊重学生个人人格与特殊才能以及个性和独立性，并且会时时鼓励学生积极、独立地思考，鼓励学生勇于说出自己的意见和想法，从而激发学生的主观能动性。在批评学生时，他们不是采用过多的指责，而是采用说理方法来教育他们。这类教师能让学生在良好的学习氛围中主动地学习。

2. 权威型

这类教师一般要求学生对自己绝对服从来维护自己的威严，不会经常跟学生进行情感上的交流，训斥与指责的次数会比较多。他们通常认为学生的年纪还小，有些道理说了他们也不懂，所以采用说教的方法是没有多大作用的。这类老师的惩罚一般会比较严厉。在实际教学中，这类教师认为自己代表了知识的权威，而学生则是知识的接受者，因此不太尊重学生的独创性，继而很少让学生说出自己的意见和想法。这类教师教出的学生大多较为听话，但困扰多，所以也会出现反抗行为。有相关研究表明，学生在这类教师的教育下易出现攻击性行为，当教师缺席时，学习进度缓慢，而且不如开明性倾向的教师教育下的学生在成就动机、人格适应等方面表现得强。

3. 随意型

随意型教师完全不控制、参与班级内的决策和活动，对学生往往采取漠不关心、放任自流的态度。这类教师认为学习是自己的事情，所以教师没有必要参与太多，有的甚至觉得学生的品行等与自己无关，只要保证考试成绩好就可以。教师对学生的放任态度明显也不利于学生良好品德的养成，对学生成人成才没有帮助。

4. 满足型

满足型教师一般认为教师应该尽量满足学生的要求，尽管有的要求比较过分。这类教师因为过分关注学生，所以觉得学生就像是一个什么都需要别人照顾、什么都需要依赖别人的婴儿一样，因此几乎所有的事务都为学生考虑周全。这样的育人方式明显对培养学生的独立性、责任心都是十分不利甚至是有害的。

从以上集中育人方式的含义和特征来看，第一种育人方式是最适合学生成长和发展的。我国的开明型育人方式占有较大的比例，这说明目前学校教育中主流教师是好的，学生的身心在良好的氛围中健康发展。但是，我们也要看到其他三种育人方式都有不同程度的不足，要么对学生控制过度、过于严厉，要么对学生过于放任、冷漠，要么对学生过于迁就、顺从。这三种育人方式不同程度地影响着教育教学的质量，因此我们要一方面加强对现有教师的育人方式的研究和干预，为学生营造一个良好的学习成长环境；另一方面也要加强正在接受教师职业教育的在读师范生的育人方式的指导和培养，为他们今后的教育教学工作打下良好的基础。与此同时，师范生们也了解了这 4 种育人方式中哪种类型的育人方式最有利于学生的成长，因此更应该在理解开明型育人方式的含义和特征的基础上，主动培养自己独特的优良育人方式。

三、我国教师在育人方面的主要问题

教育就是教导启发，使人明白道理；方式就是说话做事所采取的方法和形式。如前所述，育人素养具体到教学实践中，就是采用何种教育的方法和形式。一个人获得教育的途径很多，有家庭教育、学校教育、媒体宣传教育等，这些教育的总和就是社会教育，人的一生都在接受教育，都在学习做人和做事。中国的育人方式是经过数千年打磨铸造而形成的，每个人都是教育者同时又是受教育者。一个国家或地区的生产方式、生活方式、思维方式决定了该国家或地区的育人方式，育人方式又决定了受教育者的生产、生活、思维方式。如何教育学生没有“标准答案”，这是个科学问题。不同的地区有不同的方式，不同的人也有不同的看法。在育人方式和育人素养上，我国教师仍有待提升，目前育人方面存在的问题主要有以下两方面。

（一）教师在台上唱独角戏

我国的教育事业随着国民经济的飞速发展也在发生着日新月异的变化。虽然极大提升了教学质量，但却也有着呆板的教学方式。正因如此，我们在不停地寻找合适的教学办法，教育行政部门提出了素质教育，虽然其主张要使学生充分发挥主观能动性及主人翁精神，可事实上绝大多数教师会将在课堂上反驳他的观点的学生视为问题学生。然而，信息技术在不断发展，学生会通过各种途径学习知识，有时候学生了解的甚至不比老师少，在这种情况下，学生会有很多疑点难点，并且会主动向老师提问。在教学过程中教师不能只看到自己的主体地位，忽视了学生，甚至不尊重学生，这无法体现教育的人性化，要知道，教师和学生是两个平等的主体。这种育人方式把教师与学生之间的距离越拉越远，渐渐出现了老师在讲台上唱独角戏的局面。

（二）学生的主体性得不到发挥

在学生阶段，学生不仅要进行理论知识的学习，还要提高综合素质，在当今这个信息时代里，教师无法垄断知识。在教学过程中，学生提出的问题，也许与所学内容无关，但肯定是他们感兴趣的话题。如果教师误解学生，认为这是学生不尊重他们，从而对学生进行指责，就会使学生的积极性和主动性受到打击，学生不愿意再提出自己的观点，成为一位没有自己见解的忠实的听众。这样的教学方式会使学生丢失自己的个性，更不可能有什么创造性。学生失去了对学习的信心，再加上社会的竞争压力不断增大，学生甚至会厌学、逃学，学校和家长也会陷入迷茫，不知道采用什么教学方法才能使学生重拾对学习的兴趣。

我们正处在新时代，这是一个开放的时代，青少年是在这种环境中成长的，他们也具有开放性的思维，并且希望学校、社会和家长能够对他们给予肯定和支持。而学校如果把他们的希望扼杀在课堂上，丝毫没有给他们提供展示自我的机会，学生就只能选择逃课，或为了缓解他们心中的压抑通过其他方式来逃避学习。这恰恰说明了，虽然我们的社会不断发展，经济也越来越繁荣，但是，我们的育人方式、方法并没有跟随时代的脚步进行改进。

在我国中小学教育中，这两个问题非常普遍，作为未来的教师，师范生需要对这些问题有正确的认识，转变思想观念，在以后的教师岗位上，用良好的育人方式和积极有效的措施使学生的积极性和主动性得到提高，更好地发挥学生的主体性。在本章后文中，我们将对师范生提高自己的专业育人素养进行阐述。

第三节　师范生的专业发展素养

师范生的专业素养中，专业发展素养容易被忽略，然而它又是非常重要的组成部分。师范生必须具备专业发展素养，唯有懂得如何发展，才能在今后的教学之路上越走越远，成为一名真正优秀的教师，甚至是教育家。

一、师范生专业发展的概述

自我发展必须涉及自身的内部变化。那么，是不是所有的内部变化都是发展呢？诸如视觉适应、新陈代谢等生理变化就不能被视为发展，因为这些变化的最终结果是恢复到初始状态，缺乏连续和稳定的成分。再来看一个例子：一个 3 岁的孩子被教会背诵“床前明月光”，这属于内部的持久变化，那么这属于发展吗？一种观点认为，这不属于发展，因为 3 岁的孩子能够背诵归功于机械学习，他并不理解诗句的含义，没有获得新方法或者形成新图式。另一种观点认为，机械学习是发展的开始，有意义的理解对发展来说不是必要的。人们在不理解，甚至意识不到他们的发展的情况下也能获得发展。我们认为，这个例子中的孩子获得了发展。虽然其在学习诗句的意义上没有得到发展，但是这种发展存在于理解背诵诗句和获得奖励或者认可的关系中。因此，发展应该被视为自我产生的、内部的、相对稳定的变化，这种变化还表现为一种新图式的获得或从一种旧图式向新图式的转化。

那么真正意义上的人类的“发展”又是怎样的？实际上，人的发展有两个前提：一是“发展”的主体实现自我超越；二是“发展”的主体感知到自身的发展。总之，人的发展是用无限可能的世界取代现实世界的自我超越，人生的意义就在于为了创新、创造而奋斗和努力。

（一）师范生专业发展的含义

师范生承担着未来“传道授业解惑”的社会使命，对于自我超越特定内涵的理解更应该有着深刻的认识。18 世纪的德国哲学家费希特（Johann Gottlieb Fichte，1794）关于人类使命的观点有助于我们理解师范生的使命，并对其进行了进一步阐释。他认为，教师的使命可以被涵盖在学者的使命中：本身的敏感性、社会才能和传授技能的能力要得到优先的、充分的发展。20 世纪的德国存在主义哲学创始人海德格尔（Martin Heidgger，1951）提出“教难于学”，这是因为“让学”是教所要求的，“称职的教师要求学生去学的东西首先就是学本身，而非旁的什么东西。”① 他认为，“教难于学”。因此，教师履行其使命和职责是教师能否实现自我超越（发展）的根本条件。由此得出结论，学生是否获得了履行使命的能力并不断提升是师范生能否实现自我超越（发展）的根本原因。

人的发展的意义和师范生作为未来教师这一社会角色的职业特点，要求我们将师范生专业发展的含义概括为：在学业生涯中，师范生要不断学习，在教育文化的环境中掌握教育文化，以塑造未来教育工作者的方式把握世界，生成教育智慧，创造出新的教育成果，使得职业的使命和方向得以明确。

（二）师范生发展的自主性

师范生的专业发展不是自然进化的结果，而是学生有意识的行动使然。因此，师范生具备专业发展素养，应当以学会“自主”发展为基础。语言学意义上“自主”的含义是高度凝练的，但是，在讨论“师范生自主发展”这个课题中的“自主”一词时，所要着重表达的是学生的自主性超越式发展。

“自主性在哲学上是人之主体性的实质性内涵，在心理学上它是‘人格成长’的核心要素。”② 这是在阐释“自主性”时，朱小蔓教授的观点。她说，在奥尔波特（Gordon Willard Allport）的人格理论中，自主性被看待为“理想的动机”，即“动机的机能自主”，是指获得的动机系统是经过学习来实现的。例如，在刚开始学习一门课程时，大学生很可能是出于自身需要，或因为这门课程是必修课，或

① （德）海德格尔．人，诗意地栖居 超译海德格尔 [M]．郜元宝译，北京：北京时代华文书局，2017.

② 朱小蔓．小学素质教育实践：模式建构与理论反思 [M]．南京：南京师范大学出版社，1999.

由于时间宽裕而选学，但也许渐渐地，这门课程的内容会吸引到他，甚至使他终身迷恋这门学科，这就是我们所说的“达到目的的手段本身却变成了目的”。奥尔波特将这个特点称之为“自我统一的机能自主”，即当统一自我的一部分是动机时，动机就成为本身而自行其是，不论是否有外在奖赏或鼓励，这种动机都会成为完全自发或自主的。

在强调学生自主性培养时，朱小蔓认为认知的作用包括兴趣、价值观、知识和目标的预期，这些都是非常重要的。学生在行动过程中受到价值观的影响，从而在情感上获得了体验，而最终使得自主的情感性素质得以形成，即“自主能力”。自主性包含个性和社会性两个维度。在自主性的个性方面，培养学生的自信与自尊是主要的。在自主性的社会性方面，使学生对社会价值的体验认知得到发展是非常主要的，有利于学生责任感的形成和学生人格的发展、完善。朱小蔓还谈道：“一旦学生形成了一定的自主意识和自主能力，学生的学习就不再是简单的、机械的知识叠加，而变成学生在其一切学习和活动中积极地构造知识。”①

通过对自主性的论述，我们从朱小蔓教授的观点里可以认识到自主的意识、态度和能力，个性（自信、自尊），社会性（价值、责任），主体性，人格内在统一性，都与自主性相关，这很好地启发了我们对师范生专业发展的自主性的理解。

二、师范生专业发展的特点

“自主性”是师范生自主发展的核心特征。从学生个体出发，师范生自主发展还呈现出以下三个方面的特点。

（一）发展动机是个体的内在需求

师范生自主发展的动机应当是发自内心的需求，是基于师范生对于追求职业理想、实现社会使命的主观意愿和目标而产生的。这种自主发展的内在动机被称为“机能自主”，是实现发展的驱动力。

（二）发展路径是个体的自我选择

师范生自主发展的路径是一种个性化的选择，即发展的是个体的潜力。这种发展不仅仅能够满足家庭、社会对个体的期许，也能体现个体的兴趣、爱好和天

① 朱小蔓．小学素质教育实践：模式建构与理论反思[M]．南京：南京师范大学出版社，1999.

赋。自主发展强调个性，但并不排斥社会性，是建立在个性和社会性的平衡之上的发展。我们能够看到自主发展型教师才是能够将履行社会使命和发挥个人才能完美结合的人。

（三）发展目标是个体的专业素养养成

新时代对师范生的培养提出了新的要求。在其发展中，师范生除了要具备中国学生发展的核心素养之外，还应当注重学科融合、知识创新和中国特色。在正式走上教学岗位之前，自主发展的理念可以帮助师范生充分发挥个体的主观能动性，抓住时代的转折点，早日实现专业素养的养成。

三、师范生专业发展素养的评价体系和现实意义

党的十九大以来，中国社会和教育领域都发生了重大的变迁。在新形势下，师范生要了解从哪些方面入手才能实现自主发展，帮助师范生实现自主发展时学校应该怎么做，这些新问题都是在政策制订和实践领域时应该进行探索的。2017年10月，教育部印发的《普通高等学校师范类专业认证实施办法（暂行）》文件明确了学生的毕业要求以及各级各类师范院校师范生培养的教学合格要求。其中，毕业要求之一就是“学会发展”。毕业要求启示我们要构建师范生自主发展评价框架，这一点为师范生实现自主发展提供了指导意义，并且具有普遍性。

（一）师范生专业发展素养的内涵

在学校的学习阶段只是师范生专业发展的一部分，在个体所需知识中，课堂所获得的知识也只是极小一部分，要在后续的学习和体验中学习更多的知识，在工作中继续进行积累和学习。因此，专业发展素养提升应当受到重视，并且被作为一个长期性、战略性的要求。通过对师范生毕业要求指标的分解，我们对师范生专业发展素养进行了解读，其内涵为：具有全球视野，具备自主学习能力，具备终身学习意识，具备开放的胸怀，对于教育教学的实际问题能够进行创新研究并且将之解决，在教学实践中能初步对问题进行批判反思，在学习共同体中胜任自己的角色，使得共同学习、合作研究的教育教学团队能够搭建成功。

（二）师范生专业发展素养的评价框架

《普通高等学校师范类专业认证实施办法（暂行）》中师范生“学会发展”的毕业要求包含4项指标，经过归纳，本书认为其中3项指标起到主体作用，我们称之为“自主发展3要素”，即自主学习、反思研究、交流合作，三者均以“自主性”为前提。

以上3个要素构成一个整体，共同支撑着师范生专业发展素养的养成，帮助他们在未来承担教师角色，履行社会使命。每一个要素分解为若干个二级指标，其中，终身学习、学会反思、构建学习共同体分别是各要素的核心指标。

（三）师范生具备专业发展素养的现实意义

1. 专业发展素养是建设“学习型社会”对教师教育质量提出的要求

“十四五”规划使得我国动态性的学习型社会得以加快构建，推进现代化进程，能够促进经济繁荣，使得社会更加稳定。在这个过程中，人们普遍越来越重视教育。高品质的教育和教师有利于培养高质量的人才，在推动教育体系升级和变革的过程中，教师发挥着重要的作用，这是“高质量的教师教育”成为“学习型社会”的主旋律。“学习型社会”要求的“高质量教师教育”，就是让师范生通过“高质量教师教育”成为一个具备专业发展素养的未来教师，不断提升自身能力素养，在日后能够不断自主发展，为日后“高质量教师教育”添砖加瓦。

2. 专业发展素养是引领和促进师范生持续性发展的客观要求

具备教师素养，并且不断坚持发展，是贯穿教师的整个职业生涯的长期追求。

无论多么充分的职前教育也不可能培育出教师整个生涯历程中所需的全部素养。在具体的培养环境中，师范生需要不断地对自身进行反思，主动构建知识框架，对个体的知识与能力进行持续更新，并且不断改进。

3. 专业发展素养是培养师范生专业素养和推动其终身学习的现实需求

在当下这个新时代，教授知识只是教师工作内容的一部分，学校和教师扮演的角色都在不断变化，教师不仅需要熟悉并有效使用智能教学平台、现代教育技术以应对日益复杂的多元课堂，还要满足学生的各种学习需求，推动家校合作。更为重要的是，教师还要为学生各种素养的形成和各种能力的获得提供帮助。因此，在培养师范生时就要让学生对教育学知识、学科知识和课程知识进行自主更新，使其具备专业发展素养，学会研究教育、创新教育，深刻体会教育的文化，深刻理解教育的社会蕴意，积极地进行教学模拟、实践，并且进行反思。

第四节 师范生专业素养养成路径

一、师范生专业知识素养养成路径

（一）学习

学习是师范生获得上述5种知识类型的基本路径，也是完善其知识结构的基本渠道。参与学习活动，并且投入到学习过程中去，才能使人发展和成熟。学生有多样化的方法、内容、方式、对象进行学习，师范生可以向教育对象——学生学习，向同学学习，向基层教师学习，向大学教师学习；可以学习教学基本功——“三笔字”（粉笔字、毛笔字和钢笔字）、课件制作、简笔画、普通话，学习书本知识，学习实践经验；学习学科专业知识与教育专业知识，学习人文史地知识、科普知识、广博的文化知识、安全知识；可以在课堂中学、在反思中学、在实践中学、在生活中学，等等。

学习有着无限的空间、丰富多彩的样式，总之，学习的道路是无止境的。人与外界环境进行知识、信息交流的基本途径是学习，人从外界、他人、社会那里吸收有价值的信息是学习，通过学习才能不断发展壮大自己。师范生要走向职业成熟、迈向成功就是要不断学习，师范生要超越自我、超越现状就是要无止境地学习。

师范生不仅要努力学习课程大纲中规定的课程知识，还要到大自然中、社会中去学习，不仅要抓紧宝贵的大学时光去学习，还要终身学习、学习不辍，逐渐养成经常学习、自觉学习、认真学习的习惯。这样，久而久之知识结构才可能日益趋于合理化，应对教育实践的能力才会得到加强。

（二）交流

交流是师范生完善知识结构的另一重要途径，交流可以增长知识、使得知识结构合理化。从某种意义上说，交流就是一种随意的学习、一种无意识的学习。交流是一种对话活动，两个或几个人在一起相互倾诉、交换观点、分享经验、探讨问题、商讨对策，这就是交流。交流的内容涉及非常多的方面，有关教育活动的认识、感受、考虑、见解、体验、突发奇想等；交流也有多样化的形式，开座谈会，开经验交流会，举办“沙龙”以及形形色色的活动等。交流可以实现观点的碰撞，在交流中更容易发现人才，交流为创造提供诞生地，为新思想的诞生提供摇篮。

新时代大学生思维活跃、思想超前、敢于表达的优势决定了交流是大学生最喜好的一种活动形式。大学应该举办各种形式的讲坛、论坛、沙龙，并邀请相关教育人士、学者、教师参加，以此为师范生创造一个良好的交流平台。同时，学校还可以利用优越的网络资源，在校园网上开办能够满足不同爱好、兴趣、学生的网上虚拟社区、QQ 群、教育博客、师范专业网站等，以此为学生拓宽教育视野，丰富教育认识，发表自己观点提供方便和舞台。只有这样，师范生才可能获得大量在书本上难以获得的知识，才能为师范生知识结构的优化提供一个开放性的学习空间。

（三）实践

教育工作要求将专业知识灵活地应用于实践，是一项具有很强实践性的工作，师范生走向职业成功的必需环节就是在教育中形成丰富的实践性知识。对师范生来说，建立合理、完善的知识结构的重要内容就是参与教育实践并且获得相关实践性知识。在职业发展过程中，如果教师只是单单拥有大量的条件性知识，虽然满腹经纶，但是这与教育工作要求的是不相符的，只有灵活运用这些知识，才能将其转化为一种能够对提高教学质量产生直接效能的知识，成为一种“活”知识。否则，教师所拥有的专业知识和教育理论只是本本式的“教条”，在鲜活的教育实践中根本没有作用，更不能让学生接受。师范生要将“死”知识变“活”就必须要实践，只有实践才能使得知识更加灵活，并且更加具有适应性。

因此，师范生要完善知识结构，就必须定期或不定期地走进实践，走进校园，走进中小学课堂，走进一线教师的教育生活中去，以此来发现自己知识结构的缺陷，获得从教的实践性知识，丰富教育活动的情境性知识，体验真实的教学活动。

只有如此，师范生才可能从大学校园、课堂的狭小空间中解放出来，从象牙塔中回归实践，不断沿着教育实践需要这一线索来完善自己的知识结构，优化自己的知识体系。

（四）研究

仅凭教师的传授并不能满足师范生所需的一切知识，师范生要通过自己的创造和发现，也就是研究与反思，才能获得更多的知识。其中，研究是师范生获得新认识的途径，师范生在探索教育问题的过程中，通过自己既有的信息情报和研究资料来发现新知识是获得教育知识的方式。所谓“研究”，就是不仅对有关教育问题的资料进行搜集，还要在此基础上对其进行细心揣摩，并且通过数据处理、探索思考、实验分析等方式来对教育问题获得新见解。课堂学习活动中获得的知识是他人发现、探究得来的知识，一般人们已经对之达成共识、形成定论，所以这些知识一般和教育工作者自身的经历并没有太多关系，而在研究活动中获得的知识则与之不同，其常常是没有定论的知识，需要实践者继续去验证。因此，师范生只有自己积极进行研究，才能获得教育活动的鲜活知识。在大学学习中，师范生要想获得大量生动、鲜活的知识，就要学会利用科学的方式对教育现象进行探索、研究，有很多方式可以让学生参与研究，例如和导师一起进行课题研究，或者通过学校相关机构进行研究活动，也可以自拟课题进行教育研究，参与“挑战杯”活动等。在研究过程中，师范生可以通过教育活动的体验和感悟获得更多的知识，将自身知识结构中的“空白”区域进行填补，积极参与这些活动也能够对大学教育的缺陷进行弥补，有利于实现自己的职业生涯规划。

二、师范生专业育人素养养成路径

专业育人素养的获得是一个渐进的过程，也是一个人综合素质的体现。因此，师范生在校学习期间必须注重自身素质的全面积累，方能拥有专业育人素养。

（一）提高自身作为预备教师的素质

新时代的信息极为发达，学生可以通过多样化的信息途径了解更多的知识，好奇心也会驱使他们获得更多的新知识，这样一来肯定就会对老师提出很多问题，作为将要给学生传授知识的教师，要给学生一杯水，自己首先要有一桶水，也就是说老师不仅要有很高的专业知识水平，同时还要充实其他方面的知识。一个真正受欢迎的老师，肯定是有着很高的知识水平和道德修养，在现代教育中，这样一个才华型的老师，才是符合学生对老师的素质要求的，这就要求老师必须不断提高自己。

在职教师可以通过接受继续教育、参加学术交流、提高自身修养等方式，不断更新自己的理论知识，提高道德素养。但是，对于师范生而言，这个任务则更为艰巨。首先，在校师范生首先要扮演好学生的角色，只有学到自己应该学到的各种知识，师范生才有资格在日后顺利走上讲台；其次，师范生还要基于学生的身份，努力去塑造自己作为未来教师的角色，充实自己作为预备教师的各方面的素质，这除了文化知识素质、道德素质和身体素质之外，还有教育、教学等职业素质，而后者的培养与塑造又是极为重要的。

（二）培养尊重学生、肯定学生的意识

教学过程中学生不能学得太被动，师生双方必须进行互动，否则学生会逆反，甚至厌学、逃学。所以，在教育教学过程中，如何调动学生的主动性和积极性就成了一个非常重要的话题。在课堂上要肯定、发挥学生的主体作用，这样才能调动学生的积极性。现在的学生有着很强的表现欲，在讲课的过程中，教师可以适当提一些问题，并且请学生来谈谈自己的观点，要注意所提的问题必须要难易适度，并且能够调动学生的兴趣，激发他们回答的欲望。刚开始，学生可能会不自信、害怕，并且因为其他的什么原因不愿意回答问题。这时，教师必须要鼓励学生，给学生自信，让他能够表达自己的观点。如果学生答的确实不合理，教师不能一上来就批评学生的错误，应该以一种轻松的表情，先肯定学生回答合理的部分，然后再对其错误的地方进行纠正。反复几次，学生就会主动抢答，课堂气氛也会十分活跃，有助于在轻松愉悦的环境中完成教学。教师在课堂上要重视学生，课下也不能摆教师的架子，要尊重学生，课下见到学生，学生向自己问好时，教师也要友好地回复，学生和教师打招呼其实也是一种交流，如果教师不能以相对平等的姿态对学生做出回应，就会在无形中打击学生，使其丧失交流的积极性和自信心。

因此，师范生必须要逐渐培养自己尊重别人、肯定别人的意识，为以后尊重

学生的主体地位、尊重学生的人格和自尊心打下良好的基础。同时，在日常生活中对别人所取得的每一点成绩都要及时表示肯定，这样，师范生也就会在不知不觉间养成良好的民主型育人方式。

（三）积极培养自己人性化的育人方式

单靠现成的结论和空泛的说教不利于学生正确世界观和人生观的树立和正确、良好的社会认知的形成，现实生活的一个“点化”的效果远远比所谓千辛万苦的“教化”要好。学生在自我阐述、讨论、记录、思考、演讲、收看、练笔状态下走进社会时，如果主动性能够被调动起来，就意味着他们将作为主体的一员进行主动的探究，并且正在积极改变原来作为客体时的那种被动地位。当一系列问题摆放在他们面前，并且没有答案时，这极大地挑战了他们的能力，他们会运用自己的方式去追求能力的发展，并且对他们形成了强烈而持久的激励，在实践过程中否定曾经有过的幼稚、片面、不正确的看法，不断反思，对以往自己对学习、对社会的基本态度的合理性进行思考。所有教育工作者追求的就是这种效果。

把一个无知者变为一个有知者，这就是教育的目的。传统的教育方法注重分数，为此学生会极不情愿地努力学习，日积月累他们就会产生叛逆心理，一些被逼无奈的学生会欺骗父母，甚至选择逃学，他们变得对学习完全没有兴趣，觉得只要不学习，干什么都可以，这种教育方法严重地束缚了学生个性的发展。作为教师，要尽可能地采取人性化的育人方式，在条件允许的范围内，对教学方法和育人方式进行改革。有很多种人性化的育人方式，例如，让学生在游戏或者娱乐中学到知识；运用讲故事的方法使学生明白一个深刻的道理，或者使学生对自己所犯的某个错误有更深刻的认识；课堂内外专门留一些时间让学生将自己的见解表达出来；搞一些活动，比如演讲、参观博物馆、纪念馆、讨论、辩论会、组织学生收看有教育意义的节目等，在快乐中完成教育过程，达到寓教于乐的目的。通过这些方式不仅能够以轻松的方式正确引导和教育学生，还能够提高教学效率，实现教学目的。人性化的育人方式能够使学生的积极性和主动性得到充分调动，学生不仅拥有了展示自己的机会，还能对相关的知识进行主动学习和掌握，自己主动从中发现问题，使得教学和教育目的达到理想的效果。

因此，师范生在大学期间，既要努力储备自己的文化知识，还要拓展自己各方面的素质，既要知识渊博，又要多才多艺，为开展人性化的育人方式打下良好的基础。

（四）接受学校文化熏陶，深化自身教育理念

1. 沐浴学校校训精神

大学校训是学校文化传统的沉淀，是对全体师生员工具有指向和激励意义的、高度凝练的词语或名言，反映了学校办学理念，体现学校的办学方针，也是高校的教育指导思想。高校最核心的灵魂和特质可以通过校训反映出来。校训是学校精神文化的核心内容，面向学生、教师，以及其他工作人员，是全体人员共同的行为规范要求。师范院校的校训包含了博大精深的教育思想，蕴含着中华悠久的历史文化，充分体现了立德树人、教书育人的历史使命和社会责任。

高等师范院校是培养未来教师的摇篮，为教育一线培养师资力量。师范院校的校训往往蕴含着育人思想和理念，使师范特征得以彰显。例如，南京师范大学的校训“正德厚生、笃学敏行”体现了教师成长过程中对个人素养、专业知识和专业技能等教师专业化发展的基本要求；华东师范大学的校训“求实创新、学为人师”，体现了时代和人民对教师角色的认识和期望；北京师范大学的校训“学为人师、行为世范”，是对师生读书治学和行为修养的基本要求；陕西师范大学的校训“厚德、博学、求是、笃行”、华中师范大学的校训“求实创新、立德树人”和山东师范大学的校训“弘德明志、博学笃行”，都强调学与行相结合，蕴含了对师生道德品质和行为举止的规范要求。

校训紧密联系了学校的各项工作，高度概括了学校的文化传统、学术追求、精神风貌、办学理念、办学特色，与学校的学科设置、培养目标、体制建设息息相关，把校训直接落实到每一项活动中，使得学生的日常生活得到最大限度的丰富。

学校可以在丰富多彩的校园生活中融入校训所代表的学校精神和价值追求，例如，学校毕业典礼、校庆纪念、开学典礼等重大活动的内容可以包含校训教育、弘扬校训精神；开展演讲活动、辩论赛、表演、师生研讨会等，并且其主题与校训相关；为了让校训自然而然地融入到校园生活当中，可以在校园中设置校训景观、校训精神宣传展板等，使得每位师生的教育价值观潜移默化地受到校训的熏

陶，让每位师生共同持有校训精神，并在未来的教育实践中传播校训精神，践行校训教育。

2. 深化教师教育理念

师范院校的教师对学生学习学科知识进行引导，在使学生掌握教师专业技能的同时，还要对学生的做人做事方式进行引导，使得学生个性发展得以促进，培养学生健康、健全的人格，即培养学生品格、意志、道德等人文素质。教师的发展不能仅仅停留在掌握专业知识上，而应着眼于树立正确的教育教学理念，并加深对它的觉悟程度。不同的教师对教育的目的、意义的认识不同，所形成的教育理念觉悟、教育境界也不尽相同。虽然从事的都是相同的教育教学活动，有的教师的境界是一种功利境界，把应对考试、提高分数和成绩排名当成教育的全部；有的教师的境界是一种道德境界，把考试当成教育评价的一种手段，重点关注学生各种品质的培养和学生的长远发展，关心的是对社会的价值贡献。教师本身的教育理念，以及在日常教育教学中表现出的教育行为，都会对师范生的专业成长产生重要的影响。理念是行动的先导，教师的教育理念会在具体的教育教学实践中加以体现。

要想让学生具备积极的心理状态，并且产生强烈的求知欲望，从而主动地参与教学活动，愉快地接受教育，积极地探究问题，除了教育理念之外，教师还要有饱满的情绪，并且能够感染学生，用热情的话语来鼓励学生，通过自身的心理健康、礼仪修养、人格魅力等对师范生的发展产生积极的影响。教师从事教育教学工作、完成教书育人任务的基本条件是健康的心理。教师自身要有良好的心理素质，才能培养学生良好的心理素质，以性格影响性格，以情感陶冶情感。教师要使得自身的人格修养和人格魅力不断得到提升，还要学会如何互动，教学生如何做人，在潜移默化中促使学生形成健康的心理和健全的人格，让“人民教师”的称号落实到自己的教学工作中。

三、师范生专业发展素养养成路径

终身学习和反思研究是实现师范生自主发展的重要指标和必由之路。

（一）终身学习能力的养成

终身学习能力的内涵很丰富，包括学习适应能力、思维能力、自主学习能力、自我监控能力和语言运用能力等等。

1. 树立科学的学习观，以整体和连续的观点看待学习

承认校外的学习和经验是当下国际终身学习政策推进的基本策略之一，这是因为知识和经验相互影响、相互作用，具有连续性，人们也认识到人的学习也是一个系统、整体、连续的过程，为了推动终身学习，现阶段采取的措施有建设学分银行以记录并评定个体的连续学习过程及其成果等。基于以上认识，师范生有了现在校外实习、见习的培养计划。

2. 深入提升学生个人的学习能力，尤其是信息能力

参与终身学习的基础是个体具备基本的学习能力。在基础教育阶段人们已经开始重视学习能力，并为此开展了许多尝试性工作。例如，美国一些公立学校开始实施学生的自我导向学习活动。自 21 世纪以来，中国在基础教育领域，也一直开展研究性学习项目，目的是提高学生自主学习与自主探究的意识和能力。通过研究成人的基本学习能力状况，得出结论，目前就总体而言，绝大多数成人在阅读、计算以及信息处理方面的能力都处于中等偏下水平。因此，在信息社会和知识经济的背景下，我们应当关注师范生，重点培养他们的现代信息技术素养，提高他们的基本学习能力。

3. 大力培育和发展终身学习文化

相比于把终身学习作为一种学习能力或一项技术来看，作为文化的终身学习的发展其实是一项更为困难的工作，因为文化不仅是长期积累和沉淀的过程，更是涉及个人和集体心理与观念发生转变的过程。就师范生的终身学习领域来说，可以联合各种教育、科技、文化、传媒等机构，共同举办师范生读书节、文化节、学校开放日、专业发展论坛等活动，营造和渲染终身学习的氛围，并通过物理和心理环境的建设，逐步推进终身学习文化在整个校园内广泛而深入地发展。与此同时，我们还需要认识到的是，终身学习文化建设，须从学习者自身的终身学习文化自觉开始，因为只有首先改变自己，才能最终改变世界。

（二）反思能力的养成

成为反思研究型教师是教师专业发展的重要目标，因此，培养师范生的反思研究能力必然是我国教师教育改革中不可忽视的重要内容。

1. 强化反思意识

柯瑟根表示，当教师自主发展意识强烈并且有着提升自我专业性的愿望的时候，当他体会到专业发展过程中的成就感和满足感的时候，当他在教育教学活动中感到困惑和阻碍的时候，教师的反思活动会更深入、更有效。师范生对教师职业的价值评判和情感体会是专业认同感，保障师范生自主发展的动力源泉也是专业认同感。因此，师范生的专业认同感既是影响反思能力的关键因素，也是反思能力的重要组成部分。比如一些师范类院校实行转专业模式，即非师范专业优秀学生有志从教并符合条件的，在入学 1~2 年内，可在学校核定的师范生招生计划内转入师范专业。非师范生有更清晰的职业认知，能做出更确切的选择。师范生要使自身的自主性得到发展，就应当主动主导自身发展，强化反思意识，主动地反思自身不足。

其一，师范生可以找到激励自身的外部动力，从名师或优秀毕业生案例中，积极研究学习，将发展目标设置为成为“反思研究型教师”，从优秀前辈的经验中反思自身增长点，树立奋斗目标。其二，师范生要明确反思的概念和意义，促进反思意识的觉醒，更新教师观、教育观和学生观。其三，强化专业发展意识。专业发展意识能够积极推动主体的反思意识。师范生要深入了解专业知识，多参加学术讲座和科研活动，强化理论思考。其四，培养问题意识。师范生应时刻保持探索的心态，对教育教学时刻保持好奇心，有了问题的发现，才有了疑问，有了疑问，才有了反思。促进个体进行反思的源泉就是问题意识。因此，师范生需要有强烈的问题意识，对外部信息保持敏感，并且拥有追根溯源的热情。

2. 提升理论素养

离开了理论指导的反思是片面的，反思过程需要理论知识的引导与支撑。

首先，师范生亟须加强反思理论学习，树立正确的反思观念，为指导反思实践奠定理论基础。从师范生个体层面来看，师范生应多阅读关于反思理论的书籍、资料或文献等。从学校层面来看，学校应当多举办关于培养反思能力方面的讲座，有利于学生将理论应用于实践。

其次，教师应使得师范生对教育理论的兴趣得以提升。一方面，教师可以引导师范生阅读教育名著，使其培养自身对于教育理论的兴趣，积少成多，使得自主发展的原动力逐渐形成。另一方面，在教学过程中，教师要善于运用案例教学，通过分析案例使得师范生对教育理论的兴趣得以提升，使得师范生愿意主动获取知识，并且对其产生钻研兴趣。

3. 提高反思技能

师范生提升理论素养的同时，还要能够将反思中所形成的教育理念运用到实践中，使得教育实践得到发展，在“反思—实践—再反思—再实践”的过程中使得反思技能得以提升。

第一，学会在实践中反思。在教育实践中，师范生应坚持进行集体互助的反思活动，如对话反思、小组研讨、案例评析和行动研究等，积极开展自我反思与团体协作反思，使得实习和见习环节的作用得到充分发挥，增强在教育教学实践过程中的反思技能，提升反思能力。

第二，创新反思方式。教师开展线上线下混合式教学，创建个性化的智慧教学平台，通过现代教育技术为师范生的反思提供新的方法和途径。教师可以开通课程公众号，让学生写下反思日志，并且使之形成教育教学叙事研究故事，通过回顾个人以往的反思日志，进行历史反思，通过研究与思考产生更多的观点和发现，使学生更深入地了解教育教学研究的全过程。师范生要扩展反思资源，拓宽反思领域，充分利用信息技术平台，冲破时空对思维的限制，创新反思方式，使得自己的能力得到进一步提高。

第三，学会研究性反思。反思是教育科研的先导，师范生在开展教育科研的过程中，能体验到科学研究所揭示出的教育的客观规律，对教育实践产生理性的认识，这一点有利于提高教育理论水平，不断提出假设和验证假设，在不断探索的过程中进一步提升反思水平。因此，师范生要培养自身的创新意识，积极参与老师的科研课题，积极参与教育科研的理论研究与实践，使反思能力得到提升。

第四，建立反思评价机制。首先要注重量化评价和质性评价相结合。评价除了给出“是”或“否”的答案，还应对反思者反思的原因、目的、过程和问题进行关注，使得集体对这一现象进行探讨。唤醒教师反思意识，使教师的评价素养反思集中在教师与学生交往的方式本身上，并且使之始终反思。这种反思进一步深化了教师在意识层面中对教学的理解，并且能够改进与完善教师评价素养。

4. 营造反思氛围

教师要构建一种“时时在反思，处处有反思”的积极反思环境，为师范生的反思提供环境支持，有利于他们反思习惯和反思品质的形成。

第一，师范生必须参与合作，并且进行积极交流。教师应注重营造包容、开放、合作的反思环境。在对话中，师范生应和教师进行平等对话，把自己当作反思和学习的主体，不做被动接受者。在班级、宿舍中建立反思群体，进行集体的反思、讨论或学习，在这一过程中，可以采取互相观看教学日志和教学反思笔记、互相观摩教学实践等方法进行反思探讨，从多角度进行思考。

第二，在实习、见习过程中，指导老师担任“引领者”和“支持者”的角色，要推动师范生的反思能力的提高。在教育实习、见习的阶段，指导教师应抓住这一黄金时期，快速提升学生的实践能力，并且让师范生通过实践，将其原有的教学理念沉淀为积极的教学理念，嫁接“教育观念”和“教育理论”，以解决实践中的不足。师范院校应将指导老师的职责进一步明确，对其进行规范考核。

第三，以终身学习为核心，培养师范生的反思能力，形成反思合力。首先需要创立一个足够自由的社会反思环境，使得师范生根据自身发展特性开展自主性反思。另外，在社会环境的影响下，家庭成员需不断更新教育观念，重视反思，积极进行反思。形成反思型社会与家庭，为师范生个体提供有力的支持，促进其反思能力的提高。

第五章　师范生教学能力及专业素养提升体系构建

本章为师范生教学能力及专业素养提升体系构建，阐述了三部分内容，分别为构建师范生教学能力及专业素养培育课程教学体系，构建师范生教学能力及专业素养培育实践教学体系以及构建师范生教学能力及专业素养培育质量评价体系。

第一节　构建师范生教学能力及专业素养培育课程教学体系

一、构建师范生教学能力及专业素养培育课程教学体系的必要性

（一）社会主义核心价值观的需求

培育和践行社会主义核心价值观的着眼点是培养担当民族复兴大任的时代新人，发挥社会主义核心价值观对精神文明创建、精神文化产品创作、国民教育、传播的引领作用，强化实践养成、教育引导、制度保障，在社会发展的各方面融入社会主义核心价值观，使其成为人们的情感认同和行为习惯。一个国家、一个民族发展中更基本、更深沉、更持久的力量就是文化自信。一个民族乃至一个国家的灵魂是思想文化。国家和民族不能丢掉思想文化，否则它就无法立足世界。中国的优秀传统文化启示了治国理政，也促进了道德建设。

目前，中国的治理体系是在我国历史传承、文化传统、经济社会发展的基础上长期发展、渐进改进、内生性演化的结果。教师是培养人才的关键人物，因此教师首先要具备社会主义核心价值观，才能培养出品行兼优的新一代中国人。在新时代中国特色的社会主义核心价值观的影响下，改变原有的教育方式，跟随时

代步伐，重新选择与构建课程教学体系，能够培养具有更高教学能力、更强专业素养的中国新时代教育人才。

（二）深化教育改革的必然要求

想要培养高水平、高素养的学生，授课的教师首先应具有足够的教学能力与专业素养。教师是高等师范院校培养出来的，其具有的教学能力、专业素养，除了在学校以学习形式形成以外，还受到参加工作后的学习、教书等方面影响。目前，国内高校对未来教师教育的课程方面还存在缺陷，它限制了教师教学能力与专业素养的提升与发展。所以，培养新时代高水平、高素养的学生，首先要从改变高等师范院校的课程开始。

（三）我国教师教育专业课程现状的革新要求

教师教育课程的设置是师范类院校对教师进行教育的重要载体和教育改革中的一个重点领域，设置科学且合理的教师教育课程，是培养优秀教师的前提。中国教师教育已经有百年历史，教师职业本位论一直占据主导地位。自我国设立教师教育课程以来，一直按照心理学、教育学与学科教学法三种方式培养教师。教师教育的课程一直没有跟随时代的变化而转换，造成新时代具有教学能力与专业素养的师资力量缺失。如何才能提高教师的教育质量，从着重培养教师数量转换成培养高质量的教师，是高校进行改革和转型的时期必须要考虑的问题。在教师教育的改革中，必须推翻原有的教师教育课程，设立符合当今时代发展需要的专业教师教育课程，才能够培养具有新时代教学能力、专业素养的教师。

二、新时代师范生教学能力及专业素养培育课程教学体系的创新

（一）新时代对师范生教学能力及专业素养培育课程教学体系的要求

百年大计，教育为本；教育大计，教师为本。从习近平总书记在全国教育大会上提出“坚持把教师队伍建设作为基础工作”，到党中央和国务院颁布实施《关于全面深化新时代教师队伍建设改革的意见》《教师教育振兴行动计划（2018—2022年）》等一系列重大政策，教师队伍建设在整个教育事业中的重要战略地位得到了进一步明确。师范生培养属于教师教育的职前阶段，对师资队伍的建设水

平提升起着关键作用。师范生教学能力及专业素养培育课程教学体系除了要符合一般课程教学体系要求之外，还需要回应新时代对教师素质的要求和国家对师范专业建设的引领，依据国家相关重要文件和会议精神明确课程设计理念、培养目标、内容范围、实施路径等。

1. 参照教师专业标准对教师专业素养的要求

为促进教师专业发展，建设高素质教师队伍，2012 年 2 月 10 日，教育部制定和颁布了《幼儿园教师专业标准（试行）》《小学教师专业标准（试行）》《中学教师专业标准（试行）》，对幼儿园和中小学教师需具备的专业素质从专业理念与师德、专业知识和专业能力三个维度作出了全面且系统的描述。师范专业课程教学体系应以培养师范生作为未来教师需具备的专业素质为目标方向，将教师的专业素质逐步分解到课程教学体系目标、课程模块目标和具体课程目标当中，根据目标确定课程内容和教材，选择科学有效的实施方式和路径，制定科学合理的评价制度以检验和保障师范生专业素质的养成。

2. 遵照师范类专业认证“反向设计。正向实施”的基本思路

2017 年 10 月，教育部印发的《普通高等学校师范类专业认证实施办法（暂行）》标志着在全国范围内，师范类专业认证得到广泛推行。师范生培养的核心环节是课程教学体系的设计与实施，专业认证的关键也是课程教学体系的设计与实施。师范类专业认证的“产出导向”理念强调以师范生学习效果为导向，反向设计课程教学体系与教学环节，对照毕业生核心能力素质要求，评价师范类专业人才培养质量，明确师范生学习产出标准，对接社会需求，配置师资队伍和资源条件。按照既定培养方案实施教学，培养学生，这就是正向实施。

专业应遵循“反向设计，正向实施”的基本思路，也就是说以毕业要求和培养目标为导向，建设逻辑合理、产出导向的课程教学体系，包括明确课程教学体系与毕业要求的关联矩阵，配置足够的软硬件资源，采用匹配的教学内容和教学方法，建立富有成效的质量保障体系等。主要根据专业设计，课程内容、课程实施以及课程评价进行课程设置、课程结构，在明确课程教学体系与毕业要求的关联矩阵后，由授课教师进行二次设计。

（二）师范生教学能力及专业素养培育课程教学体系的创新方向

基于教师专业标准对基础教育教师素养的要求，师范类专业认证对师范专业

建设的引领，以及新师范建设的精神导向，新时代的师范专业应以培养复合型、实践型、创新型的人才为目标，传统重学科、重学术的课程教学体系已不适用于新型人才的培养，亟须作出深刻的变革。

1. 课程设置理念转型变革

理念的变革是课程改革的起点。新的时代背景下，课程理念需要做到以下转型。

（1）从知识性课程向养成性课程转型

教师专业标准的基本理念是“师德为先，学生为本，能力为重，终身学习”，师范类专业认证标准指出，师范生的毕业要求首先要涵盖师德规范和教育情怀，这就要求师范教育要把立德树人摆在首要位置，将社会主义核心价值观的树立贯穿于师范教育的全过程。传统的师范专业课程教学体系重视专业知识的教育与学习，师范生德行养成由于难以落实和评价而一直被忽略或放弃。教师大计，师德为本，师范专业课程要努力让学生获得知识的同时涵养师德。将知识学习与师德养成深度融合，使传统的知识性课程向养成性课程转型，是新时代师范专业课程教学体系改革的重大课题。养成性课程强调引导学生从自身经验基础和实践体验出发，主动探索和获得知识，在此过程中体悟专业的意义和价值。

（2）从理论性课程向应用性课程转型

师范生的核心素养是教育教学能力。教授理论性知识为主的学术导向课程，其课程内容与课程实施往往与教育实践的距离非常远，知识学习囫囵吞枣，不能完全有效地将知识内化，不利于师范生实践能力的培养。要想有效解决教师教育理论教学与实践应用衔接不畅的问题，真正体现以学生为中心、以能力为本位的教育理念，理论性课程应转型为应用性课程。

应用性课程是指增加和强化实践性教学环节，还要使得课程内容紧密对接基础教育改革发展前沿，课程实施强调以学生为主体，让学生通过探索、体悟的方式获得观念和知识；注重主体多元化、方法质性化、时间过程化的课程评价。

（3）从分科性课程向综合性课程转型

人是具有主观能动性的，教师的工作对象恰恰是具有主动性的人。教育以影响人为目的，是一种非常复杂的活动，教育过程中有众多因素相互作用，其发展具有多样性与不确定性。教育实践情境是多样的、多变的，未来的教师需要有宽广的视野和跨学科思维的能力。

因此，师范教育要强调培养师范生的综合素质，注重复合型、应用型人才的培养。传统的分科性课程教学体系强调专门型人才的培养，不能满足师范生素养养成的需要，师范生素养养成的课程教学体系需要向综合性课程转型。综合性课程的学习，不仅有利于消除师范生孤立地看待各门学科知识的现象，形成完整的世界观，还有助于师范生探寻各门学科知识之间的内在联系，以发现新的知识，培养广阔的认知视野，提升知识整合能力，使师范生学会综合性地解决问题，培养综合能力。

2. 课程目标基于师范生教学能力及专业素养

就师范生而言，教学能力及专业素养提升既是其自身全面发展的需要，也是基础教育课程教学改革、学生核心素养发展和未来职业适应的需要。师范生教学能力及专业素养培育课程教学体系目标的设定，要基于师范生教学能力及专业素养的提升。

（1）培养师范生教学能力及专业素养的价值逻辑

培养师范生教学能力及专业素养是基础教育改革的必然诉求。师范生是未来的教师，是我国未来人才培养的主力军。基础教育改革的关键是课程改革，课程改革最终要由教师去执行。2016 年 9 月，《中国学生发展核心素养》框架正式颁布，标志着以核心素养为导向的新一轮基础教育课程教学改革的开始。培养学生的核心素养，要求从事基础教育的教师首先要具备相应的素养和能力，这是基础教育核心素养课程教学改革对承担未来新型教师培养的师范院校提出的必然要求。作为培养未来师资的高等师范院校，应该正视基础教育课程教学改革的人才需求，注重培养师范生的教学能力及专业素养，为基础教育课程教学改革提供师资力量。

学生核心素养落实发展的前提是培养师范生专业素养和教学能力。《中国学生发展核心素养》明确了学生应具备的社会发展需要和适应终身发展的品格，指出了学生在发展过程的关键能力，提出了各学段学生发展核心素养体系。拥有一支素质较高、能力较强的师资队伍是培养、落实学生核心素养的首要前提。作为未来的教师，师范生的教学能力及专业素养直接影响到未来学生的核心素养。师范院校必须把提升师范生专业素养和教学能力作为主要任务，才能形成优秀的教师培养优秀的学生、优秀的学生成为优秀的教师的良性循环。

培养教学能力及专业素养是师范生未来适应教师职业的关键。随着社会的快速发展，教育需要通过一轮又一轮的变革来不断迎接来自各方面的挑战。作为教育主体的教师要具备科学精神、自我发展、实践创新等专业素养，不断提升教育理念，调整培养目标，改变教育教学方式。今天的师范生即为明天的教师，高校的师范专业必须注重师范生适应未来教师职业需要的教学能力与专业素养。

（2）基于教学能力及专业素养的课程目标制定

师范生的教学能力及专业素养是高校师范专业人才培养的重要产出标准，因此课程教学体系构建要坚持成果导向，以师范生教学能力及专业素养提升为目标，在师范生教学能力、专业素养与开设课程之间建立清晰的对应关系，指导课程标准的制定、教材的编写、课程的实施以及学生发展。基于师范生教学能力及专业素养，课程目标的制定应强调以师德养成为先，以知识塔基打牢为主，以复合能力锻炼为要。

强调以师德养成为先。近年来，国家一系列关于师资队伍建设的政策文件都突出强调教师要有较高的职业道德素养，摆在第一位的必须是培养教师的职业道德水平、思想政治素养和教育理想信念。在课程目标的要求中，师德养成在培养未来教师的课程教学体系中必须摆在首位，课程内容的全领域、课程实施的全过程必须都要包括师德教育。教师是人类灵魂的工程师，必须用习近平新时代中国特色社会主义思想铸魂育人，帮助师范生扣好教育人生的第一粒扣子，传播主流意识形态，积极引导师范生增强中国特色社会主义道路自信、制度自信、文化自信、理论自信，让师范生心中的真善美的品质能够扎根发芽。

强调以知识塔基打牢为主。能力和素质形成的前提和基础就是知识，要重视知识的奠基性的作用。师范生将来的工作目的是从各方面培养人，工作对象是具有主体性的、全面发展的人，因此在学习阶段需要形成更加牢固的教育教学知识和学科知识的框架，掌握更加广泛的通识性知识。构建课程教学体系应以知识主体为导向，培养学生形成独特的知识视野，使之能够形成跨越学科界限的思维方式，培养创新型人才，使之既有广博知识面又有知识深度。

强调以复合能力锻炼为要。现代教师在教育中扮演的角色越来越专业化、多样化，除了要做好学生思想的引导者、知识的传授者之外，还要承担起课程资源的开发者、集体活动的组织者、学生心理健康的指导者、教育的研究者和家校沟通的桥梁等工作。这要求教师不仅具有教学的能力，还要具备班级指导、综合育人、自主学习、反思研究、交流合作等方面的能力。所以，师范生素养养成的课程教学体系目标必须关注学生复合能力的培养。

3. 课程内容聚焦实践

目前，师范生教学能力及专业素养培育课程教学体系中，除了教育实习、见习等实践课程是在真实的教育情境之中完成之外，其他大多数课程均需要在校内课堂教学中完成。脱离教育实践的传统课堂教学效果较为有限，师范生对相关理论知识的掌握大多停留在“听过”“知道”的状态，距离深入理解和应用于实践还很遥远。因此，课程内容的组织须采取实践取向，让师范生结合真实的实践情境，深入理解和把握理论知识的真谛。

课程内容的传授要结合实践情境。传统的理论教学脱离实践经验，不能激发师范生学习的需要，也不能让师范生感受到所学知识的意义。因此，课程内容的传授要注重创设真实的问题情境，借由问题情境将理论知识与教育实践连接起来，引发师范生对教育实践的情感体验，在思考问题、获得知识动力的同时，关注到教育实践的现实，激发为提高基础教育水平而学好专业的责任感，并树立起教书育人、为社会主义建设和发展培养人才的职业理想。

课程内容的理解应基于实践脉络。教育问题是复杂的、多变的，表面上看似相同的现象，因其背后涉及的教育对象特征、学校条件、家庭环境、社会文化、经济水平等多方面因素不同，其应对的方式与程序可能截然不同。教育是人类社会所特有的更新再生系统，可能是人世间复杂问题之最。教育理论期望为复杂多变的教育世界找寻一个唯一的、永恒不变的本质，期望通过观察、实验和归纳的方法来发现教育运行过程中以简驭繁的基本规律，并将其运用于实践。现实使教育理论工作者逐渐认识到，这种教育理论的影响作用是相当有限的，理论至多是一种在有限境域中的有限的理论。这也是学了一大堆理论的师范生在面对教育实践时会手足无措或认为理论无用的原因。因此，我们要重新审视课程内容所蕴含的复杂的实践脉络，将师范生的学习置于复杂的真实实践中，深入理解、辩证地看待所学内容。

课程内容须重视实践中生产知识。在知识经济时代，知识的生产模式发生了很大改变，新的知识生产模式是由“产业—大学—政府—公民社会”四螺旋动力机制模型推动的新型知识生产方式，相较于大学是知识生产主体的知识生产模式和知识生产主体不再单一的知识生产模式，知识生产模式强调知识生产是多主体的，知识生产的适应性情境更加完善。师范生不仅可以作为知识的接收者，也可以成为知识的生产者。马克思主义哲学强调，实践是认识的来源，实践是认识发展的动力。师范生不一定先要掌握知识，才能进入实践，也可以先接触实践，通过感知、体悟，在教师的启发引导下思考、提炼生产出“自己的”知识。目前，多数师范专业采取了“全程实践”的人才培养模式，实现了理论学习的同时进行实践学习。总之，实现理论与实践的高度融合，需要校内课程重视引领师范生从实践中生产知识，将实践内容有机吸纳进课程内容框架。

4. 课程实施数字化

在新时代，信息技术飞速发展，互联网、多媒体、大数据、人工智能等使我们的教育和学习方式发生了极大的改变。在这个时代，教师要充分利用信息技术工具，教师教育研究要深度融合信息技术，提高教育实效，促进“互联网＋高等教育”新形态的形成，探索实施网络化、智能化、个性化、数字化的教育，通过现代信息技术推动高等教育质量提升，使之实现“变轨超车”。随着在线课程理念的更新和互联网技术的成熟，当前数字化教学模式创新的重要基点是慕课（大规模在线开放课程，MOOC）。基于慕课课程资源的创新性教学模式目前主要包括教师开设翻转课堂，学生直接在慕课平台学习课程，慕课平台与高校合作开办慕课学分课程三种形式。

第一种，教师开设翻转课堂。翻转课堂提倡一种混合式教学与学习模式，与传统教学教师课堂上讲授知识、学生课后完成作业的教学模式不同。它是指学生在课前自学课程内容，通过观看从网上下载的教学微视频、教师事先录制好的或是拓展学习资料，教师在课堂上解答学生在自学过程中遇到的困难、疑问，对学生作业进行订正，使课程内容得到拓展，帮助学生进一步掌握所学知识，内化已有知识，学会运用。基于慕课的翻转课堂也被称为 SPOC（Small Private Online Course），即小规模私下的在线课程，教师通过 SPOC 将慕课资源运用到自己的课堂教学中，从而将自己从知识的讲解中解放出来，专注于课堂上的讨论与辅导，提高教学效率，SPOC 被视为慕课发展的新趋势。翻转课堂的意义在于学生课前通过网络学习相关内容，教师在课堂上对于其中难以理解和产生疑惑的问题进行解答。

第二种，学生直接在慕课平台学习课程。当前，绝大多数课程都可以在慕课平台搜索到相应的课程资源，慕课平台有着海量的课程资源，教师可以从中选择课程资源供学生学习，比如一些知名院校、权威教师开设的，与自身人才培养目标相一致的课程。

第三种，慕课平台与高校合作开办慕课学分课程。国外现在已经推出完全在线的学分项目，如2013年优达学院（Udacity）宣布与美国佐治亚理工学院（Georgia Institute of Techndogy）和美国通信巨头AT&T合作，正式开发一个在线硕士学分项目。大学完全与慕课平台合作或联合建立慕课平台，将一些优质的教育资源开发成学分课程，除了现有的慕课平台的测试功能外，还可以在期末建立现场的考试制度，以确保课程的质量。

在慕课时代，大学可以建立分级课程教学体系，以确保不同类型的课程完成使命。对于那些知识普及型的通识教育课程，完全可以让学生与慕课平台合作开发学分课程，建立慕课学堂提供辅导与测试工作，或在慕课平台上修习课程。对于那些注重能力培养的课程，完全可以将知识点的讲授交由慕课完成，建立基于慕课的翻转课堂，教师则在课上组织讨论，训练学生各方面的能力。对于那些有助于人格养成的课程，特别是经典研读课程，除了借助翻转课堂外，还要完全实现小班化教学，注重教师和学生面对面的讨论，真正实现言传身教。总之，慕课的发展既对教育提出了挑战，也提供了机会。师范生培养应充分利用慕课资源，创新课程实施新模式。

第二节　构建师范生教学能力及专业素养培育实践教学体系

实践教学是师范教育培养体系中不可或缺的重要组成部分。师范生校内的知识学习构成了专业素养的理论基础，而这些知识需要经过教育实践的检验，在不同的教育情境中反复验证，才能内化为个人经验。实践教学为师范生实践性知识的获得提供了条件与可能。实践教学体系的构建使得教育实践活动彼此联系，并在逻辑上实现了师范生实践能力的全面提升。

一、构建师范生教学能力及专业素养培育实践教学体系的必要性

师范生培养体系中任何一类课程或活动的安排都不是凭空设置的，不管在宏观层面还是微观层面都有其存在的依据。上至国家教育政策，下至师范生自身的专业发展，都对实践教学的设置提出了要求。

（一）师范专业认证的实践遵循

随着国家对师范生教育实践能力的进一步重视，尤其是自教育部提出在全国范围内开展师范专业认证工作以来，师范院校对师范生教育实践能力的培养与提升达到了前所未有的高度。师范专业认证标准明确提出，师范专业在构建学科教学体系时，应保持教学结构合理完整，将教学理论和专业教育实践联系起来，给予师范专业学生教育实践基地，推进产学研一体化进程，以培养师范专业学生师德为主要导向，强化师范专业学生班级教学管理经验。

师范专业重在培养师范生的实践教学与管理能力，如果只是单纯地将所学的教学理论知识用于教学实践中，那么就会偏离教育教学的本意。应当为师范生提供教育教学产、学、研一体化的基地和优秀教师教育教学经验讲座，以多种途径培训师范生的教育教学观念。师范专业是以培养优秀教师为目标导向，师范专业应注重开展学科理论和人文理论的综合教学，培养师范生的课堂理论教学能力、课堂沟通、交流与管理能力，探索多元化学科知识输出方式，践行多类型化的教学实践管理方法。良好的师德建设与课堂学风建设，是师范专业学生重点学习的内容，现代教育不仅要求教师要把理论知识讲好讲透，更要求教师培育师德新风尚，形成良好的学风氛围，这也是师范专业认证标准中“践行师德、学会教学、学会育人、学会发展”四个方面的毕业要求规定。

（二）教师教育课程改革的实践诉求

既然师范专业以培养优秀学科教师为目标导向，那么就要积极培训师范学生的校园教育教学实践能力。教育教学质量的推进，离不开教师师德学风建设与管理，特别是在教育教学改革体系不断深入的当下，各高校师范专业逐渐加强对学生师德学风的培育。现阶段，高校师范专业教学方向的优化，在一定程度上提高了师范学生的校园教育教学实践能力，但仍存在一些问题。为此，师范专业应该

及时完善教师教育课程改革，以实践推动师范生综合素质的发展，或是邀请优秀中小学教师开展讲座，或是将师范生分配至各个优秀中小学校，进行现场学习。现代教育更加提倡素质教育，学习与践行良好的师德风尚，有助于师范生融入教育教学体系。

（三）师范生专业发展的内在需要

师范生教育教学能力涵盖范围不应只局限于学科知识的输送，还应将课前理论体系建构、课中知识多元讲解、课后巩固提升等纳入其中。传统的单一教学模式虽有其固有优势，但这种教学模式违背了教育教学的本意。形成教师与学生间的双向沟通，在坚持学生为主体的原则下，开展多种方式的理论与实践教学，才是教育教学的本意。从教师角度来讲，师范生首先应该学会构思课堂教学模式，整理课堂教学步骤，设置课堂教学方法，完善课堂互动环节的设计，以此强化学生对理论知识的学习兴趣。师范生应该清楚个人在课堂教学中所扮演的角色，主动调节课堂氛围，及时维护班级课堂教学秩序，加强个人师德素养和班级风尚的培育。

对师范专业而言，理论学习与实操训练具有同等重要的地位。在校的各种专业理论课程学习能够为师范生认识、掌握、认同本专业打下基础，而成为真正的教师，只有理论知识是远远不够的，实践教学则搭建了校内学习与校外实训的桥梁。不同形式的实践活动满足了不同阶段师范生的学习需求，也弥补了理论学习的不足，实现了“做中学”的教育理念。开展实践教学活动，是理论学习的必要补充，是师范生专业发展的内在需要。实现这一目的，就需要教育见习、教育实习与教育研习三种实践形式相贯通，并结合其他多种形式的实践活动，共同搭建完备的实践教学体系，从而促进师范生的专业化。

二、师范生教学能力及专业素养培育实践教学体系的结构

师范专业应该明确课程实践的关联性，让师范专业学生理解师范课程理论知识的要义。师范专业课程设置方向，应该做到培养师范学生的学科理论素养与教学素养，坚持师范专业认证标准，使师范学生能够在教学理论与教学实践中强化对教师的职业认同，把握教育教学的责任要求与职业规范。实践教学体系是完善

教育教学理论模式的路径。师范课程设置应该明确实践教学内容，在实践教学与管理中树立师范学生的角色观。师范学生实践教学需体现过程性，也就是说，要在师范学生的教学实践过程中发现问题所在，以帮助师范学生强化对教育见习、教育实习与教育研习的认知，在汲取教育教学经验中完善个人教育教学方式，改善教育教学质量。

（一）教育见习

1. 教育见习的性质

教育见习是指师范生在积累了一定的教育教学理论的基础上，进入教育现场，实地感受、观察、体验见习学校的真实教学情况，为教育实习和教育研习做好经验和心理上的准备。它不同于教育实习，教育实习一般是师范生在学完专业课程和教育类课程之后在中小学校进行的教育教学实践活动，主要在师范教育的后期进行。而教育见习一般在实习前开展，作为教育实习的先导，侧重于对教育现场的观察和感受，获得有关学校情境的真实体验。实践中，有的学校采取集中教育见习模式，选择一段时间持续见习；有些则采用分散式见习，贯穿于学校学习的前几年。

培养师范学生的职业感，加强师范学生对教师角色的认知，是设置教育见习的主要目标。师范学生职业认同感产生于对教师概念的理念，“教师”这一名词，不仅意味着教会学生理论知识，更要教会学生为人处事的哲理，以师德风尚培育学生的良好人生观、价值观。高校师范专业应该积极完善教育见习的过程性要求，推动师范学生形成正确的教学认知，明确教育的主体方向。具体做法有：充分发挥指导教师的榜样示范作用，让师范专业学生在现场学习指导教师的课程教学，感悟完整的教学过程，理解教育所发挥的育人作用。此外，高校应该强化师范学生的主动意识，给师范学生充足的见习学习时间，通过制定师范见习制度评价标准，让学生真正地从师范教学见习中受益。

2. 教育见习的管理

教育见习是一门重要的实践课程，绝大多数的师范专业都安排了不同形式的教育见习活动。但实际的实施状况并不理想，其中最主要的原因之一就是制度不明确、管理不到位，使得不少学校的见习活动流于形式，师范生被安排到见习学校后只是走马观花地观摩教学管理工作，缺少见习学校和高校教师的有效指导，从而无法真正达成教育见习目标。因此，教师在师范生的整个见习过程中要规范落实见习制度，给予师范生有效指导，明确见习目标和责任，减少盲目性。

高校、地方教育主管部门、实践学校要形成三方联动，协同做好教育见习精细化管理工作。由高校牵头，定期召开实践工作协商会，制定教育见习规章管理和监督制度。重视见习指导教师的遴选，为学生精准配备双导师，组建结构合理的指导教师队伍。见习过程中，指导教师要深入实践学校，进入各班对师范生进行轮流指导，与班上老师交流学生的见习情况，帮助师范生解决专业上的困惑与实践中的困难。除了个别指导之外，指导教师还应定期组织小组研讨活动，引导师范生集中讨论各自的经验和收获，增强实践与理论的联系。

每个见习生都应该严格遵守见习纪律和见习学校的各项规章制度；服从领导，虚心接受双方指导教师的指导；认真做好听课笔记和课后评议工作，填写好教育见习手册；见习结束后，完成一份见习报告。

3. 教育见习的评价

评价，是衡量实施主体能力表现的指标，并在实施过程中约束主体的行为规范。通过设置教育见习评价，可以规范师范学生的学习行为，使师范学生的学习过程更有意义。教育见习评价指标，应该包括见习目的、见习过程、见习体会、见习报告等，师范学生应该自觉践行教育见习规范，正确认识教师在教育教学中发挥的作用，按照教育见习评价指标，在教育见习过程中及时记录总结心得想法，将优秀教师的教育教学经验记录在册，之后以教育见习报告的形式整理出来，形成教育见习的结果性评价。指导教师要认真审查师范学生的教育见习报告，重点检查师范学生的教育见习指标完成程度。见习评价的方式主要包括见习作业、阶段反思和见习报告三种类型。

（二）教育实习

1. 教育实习的性质

师范教育旨在培养优秀的学科教师，对师范专业的学生来说，教育实习是检验教育学习成果的主要方法。师范教育理论知识能够给予师范专业学生正确的认知，让师范专业学生懂得如何通过教育来传授经验、传授理论，如何通过教育帮助所教授的学生树立正确的价值观、人生观。

教育实习是师范专业学生实现角色转变的关键一环，教育实习将系统性理论与教育教学实践结合起来。在教育实习活动中，师范专业学生将所学理论知识用于实际教学中，并从实际教学中不断总结、反思。有些学者将教育实习定位为一系列的实践活动，即包括观摩教师教学、课堂教学实践、承担班主任职责等教育和教学实践活动；还有一种认识是将其界定为一门课程，认为教育实习是教育理论的延伸化，通过设定教学环节和教学步骤，安排学生在实际课堂环境中感受教学的氛围。当然，教育实习也可被视为课程学习的延续化，师范专业的学生通过教育实习这门课程来感悟教育教学的真实性，体会教育教学的职责与意义所在，掌握教育教学的关键有效方法。

综合以上观点，教育实习是将教育理论运用于实际教育教学中，同时又以教育教学理论为指导，以校园课堂为实践场所，在课堂教学中形成总结性经验认知，并不断深化对教育教学方式方法的理解、运用的过程。通常来说，师范学生进行的教育实习，就是在指导教师的带领下进行的有组织、有选择的实践活动。

学生通过深度融入教育教学全过程，能主动参与、主动观察、主动思考，这一点有效地强化了教育教学实践能力的培养和训练，极大地增进了教师职业感悟和职业认同，提高了职业素养和职业品质，是对师范教育实习模式的突破与创新，也有利于实习学生较好地实现由大学生向教师角色的转变。于师范专业学生而言，师范教育实习机会是难得和宝贵的，师范专业学生通过实习，能够明白教师在教育教学过程中发挥的作用、承担的职责，能够提前熟悉校园课堂教育教学环境氛围，认识教师与学生之间的关系，清楚师德风尚在教育教学中的重要意义，理解学风建设对构建班级课堂学习氛围的作用。教育实习是师范专业学生由学生走向教师的“必由之路”，是角色转变的推动力，教育实习的目的，就是让师范专业学生强化教师职业认同感，并形成对教师职责的认识与感悟。当然，最重要的一点就是职业观念，师范专业的学生唯有通过教育实习，在课堂教学实践与课外家校沟通中，将自己卷入真实的教育情境，直面突发的各种问题与困境。可以说教育实习就是教学情境的演变，师范专业的学生需要在不断演变的教学情境中思考、总结教育教学经验或方法，在这样一种特定的实践环境和社会环境中获得高度经验化和个人化的实践性知识。

2. 教育实习的管理

教育实习要建立制度化的管理模式，形成教育实习管理和质量监控的相关制度，保障教育实习管理规范有序和教育实习主要环节的质量监控行之有效。首先，要形成由高校、实习学校与当地教育行政主管部门组成的实习管理监督机制，制定规范的教育实习管理制度。其次，在内部管理上加强高校和实习学校导师的培训与监督，遴选优秀的指导教师，规范指导教师的职责范围，通过集中培训的研讨方式提高指导教师的指导水平。此外，要建设网络化教育实习平台，为师范生实习提供丰富且有针对性的实习资源，将线下实习与线上互动结合起来，促使教师实习管理规范化和自动化；对师范生而言，则要建立常规化的管理监督机制，如日常考评与请假制度。另外，教育实践考核评定标准具体明确，能够使师范生在教育实习过程中明确自身师德体验、教学实践、班级管理实践、教研实践等能力的达成情况。

3. 教育实习的评价

形成良性的教育实习评价反馈机制，才能保证实习效果的发挥与改良。目前，教育实习中实习生成绩的评定缺乏科学严谨的考评机制，主观性较强，评价方式还是传统的文字评价，评价主体以双方导师为主，缺乏多元的评价来源，评价内容也较为单一。因此，要建立多元评价主体，彰显科学评价理念。根据教育实习评价的需要，选择合适的评价主体，或多主体参与共同完成评价。一般实习评价采用自我评价、同伴评价、中小学（幼儿园）指导教师及高校带队教师综合评价方式，使评价结果更加符合实际情况；可以开发教学演示评价表、整体性表现评价表、实习生自我评价表、实习同伴观察表等具体且可操作的评价工具；另外，还可以优化教育实习课程评价实施，推广多样化评价方法；通过内部自我评价与外部他人评价相结合的方法，形成内部自我评价与外部他人评价的整合体系；评价内容不仅包含备课讲课、班级管理等能力，还要包括考勤表、学习心得笔记、听课记录、观察日记、教案设计、教学录像、教学研究小论文等内容，此外，还要尤其注重对实习生师德师风的考察。

（三）教育研习

1. 教育研习的性质

《教师教育课程标准（试行）》指出，师范生应该具有研究教育实践的经历与体验，要在教育实习过程中形成经验性反思和总结，从中找出教育实习的不足之处，将不足之处记录在册，之后与指导教师进行交流探讨。同时，师范生还可以通过参加研究性活动或讲座，从中探寻教育教学的实际经验。新师范教育背景下，教师不再只是课程的忠实执行者，不仅要学会“如何教”，还要善于在改革和传统矛盾中发现并研究新问题，成为课程的开发者、研究者。为了实现教师角色转换的要求，师范生培养必须改变过去“重技能、轻研究”的人才培养模式，强化师范生在实践过程中的研究能力。教育研习就是为了适应这一要求而设置的一种教育实践类课程。

师范生需要对在实习阶段总结的经验、问题进行分析，依据现有的学科理论知识研究问题出现的原因，找出该经验出现的规律或来源，通过学科理论知识解决实践认知难题，这就是教育研习。教育研习可以提高个人教育教学能力，加强自身教育教学专业素养。教育研习从本质上说是以实践为基础的学习活动，建立在真实的教育教学情境之中，强调在实践中发现问题、解决问题，其基本原则是“在实践中研究，在研究中实践”。

2. 教育研习的管理

师范生需要践行教育研习的要求，在教育研习过程中解决教育实习中的问题，明确教育教学的本质，树立对教育教学的职业认同感，在教育教学管理过程中增强教学方法、教学手段的适应性。

为了保障教育研习活动的顺利开展，以专题研究项目为主的研习活动中，高校要为师范生配备专业教师以为其合理选题、完成开题报告、开展调研过程、撰写研究报告等环节提供系统性指导；采取边实践边研讨的研习方式，则要求高校指导教师在师范生教育见习、实习过程中加强与学生的交流沟通，通过个别或小组集中研讨及时解决师范生的困惑。师范生则要在实践活动中认真观察记录，时常反思，学会运用所学的专业知识、教育学知识、心理学知识等解释各种教育现象，学习科学的研究方法，遵循科学研究规范，实地考察、多方调研，为解决基础教育实际问题贡献自己的方案和智慧。

3. 教育研习的评价

对教育研习的评价也要依据一般的教育评价原则。过程性评价与结果性评价相结合，既要考察师范生平时的观察记录与分析、教育随笔、实践日志等过程性资料，也要注重课题研究报告的质量，即该报告是否反映实践当中的真实问题，是否采取科学的研究范式，是否体现理论与实践的结合等。

（四）其他教育实践活动

教育见习、教育实习与教育研习是师范生培养实践教学体系中最基础的三种实践形式。无论各高校各专业具体情况存在多大差异，师范生实践知识与能力的建构都要通过这三种方式实现，即使在实际方案中具体做法不同，但宗旨和方向基本一致。当然，教育见习、教育实习与教育研习并非从头至尾贯穿于师范生的学习生涯，实践教学总体目标的达成，也需要这三种形式与其他实践活动有机融合，最终构成完整的实践教学体系。在具体实施中，其他教育实践活动的途径多种多样，以下列举比较常见的几种做法。

1. 专业技能实训

良好的教师职业技能是教育教学工作顺利进行的基本保证，是教师的教育影响引起学生积极反应的重要条件，是教师的教育教学活动取得教育实际价值的重要前提。

教师职业技能的形成离不开有计划、有组织的专门训练。师范生培养的专业技能训练，包括通用技能和专业技能。通用技能主要指“三字一话”、教学设计、课件制作、讲课、说课等师范技能，是每一位教师必备的基本功。通用技能具有很强的实践性，必须经过反复的实践训练才能达到质的飞跃，一般从师范生入学后就分阶段地进行训练。专业技能主要体现各专业的专业特色，如学前教育专业要夯实弹、唱、跳、画、说、演等技能基础。为了检验师范生的训练效果，学校每学期均应安排相应的基本功测试，并要求师范生必须达到相应的合格水平才能毕业。

2. 课程实践教学

实践教学不仅包括让师范生走出课堂，采取参观、实地亲身考察与调研的方式进行实践教学活动，还包括基于课内课程教学的实践方式。课程实践教学是第一课堂的有机组成部分，它和理论教学都是课堂教学不可或缺的重要部分，且相对于理论教学而言，它更加凸显师范生的主动性。师范专业课程中的大多数课程是富含实践性内涵的，在基本理论教育的基础上，设置与教学内容密切相关的实践主题，以师范生主动参与和体验为基本形式，论课程教学要结合实践活动，采取灵活多样的教学形式，如采用线上线下混合式教学、翻转课堂等，还可以实施微格教学、案例观摩、试讲试教等方式。其中，微格教学是重要的课程实训方法。这一课程实训方法旨在培养师范生的“课前”准备能力，根据所准备的教学知识进行现场模拟教学，以此锻炼个人心理素质，该课程实训依据固有的教育教学理论，将现代科技手段运用其中。这种实践方式作为教育实习的先导环节，能够在师范生正式进入真实的教育场景前提前演练教学，不断打磨师范生的教育教学技巧和课堂掌控能力。课程实践教学要打破过去重视理论讲解而轻视实践教学的做法，在教学目标、教学内容、教学方法和教学评价等环节突出实践能力取向。课程实践教学的主体是师范生，故课程实践教学活动内容应与师范生的专业素质能力相匹配，并且不能偏离课程实践教学大纲的具体要求。具体实践中，指导教师需及时与师范生进行沟通、交流，了解其具体情况，从中找出师范生实践共性问题，根据实践共性问题找出改进对策，并将这一改进对策作为实践教学大纲完善的指导依据，由此推动师范教育教学质量的发展和进步。

3. 综合（社会）实践活动

综合（社会）实践活动是全面提高大学生思想道德素质、科学文化素质，促进教育教学改革，推动高等教育为经济文化建设服务的重要措施，已成为高校思想政治教育工作的重要组成部分。

综合（社会）实践活动需要校园力量的广泛参与，如果仅依靠共青团组织开展相应的实践活动，师范生所学的理论与实践结合的效率将不会得到提升。因此，唯有社会力量、校园力量和组织力量的共同结合才能提高师范生的实践应用能力。师范生参与教育教学实践活动的过程是教育教学专业素养不断增进的过程，也是适应教师角色的过程，更是理解教师社会责任感与教育教学使命感的过程。

师范教育课程体系范围内的综合（社会）实践，旨在增进师范生的师生转化意识，也就是从师范生这一学生角色转变为教师这一社会角色，完善师范生作为教师的职业观。

社会实践教学主要被安排在节假日进行，有小社会实践教学和大社会实践教学两种形式。前一种实践教学形式主要围绕课余时间进行，师范生是主要参与对象，定期开展的社团交流活动或者是校园大赛活动都是这一实践教学的主要内容，师范生通过参加这些实践教学活动，能够找出教育教学理论与模拟教学实践的不足之处。后一种实践教学形式主要围绕校园以外的场所进行，师范生同样是主要参与对象，往往在社区小课班或者是社区兴趣教学基地等场所开展，师范生可以通过公益教学，或者是免费的科普宣传活动，从中体验教学的氛围，同时要将这些感受记录在册，回到校园后与指导教师进行交流讨论，这些可以帮助师范生改善教育教学中的不足之处，提高教育实习阶段的能力水平和专业素养。

综上所述，完整的实践教学体系是以教育见习、实习、研习为基础，融合其他多种形式的教育实践活动的实践综合体。该体系的每个部分是相对独立的，各部分都有其独立的定位和价值，但最大化实现各种实践形式的功能，还需要多方发挥联动作用。

因此，需要从横向与纵向两个维度构建实践教学体系。横向联结，即从各实践方式的内容上建立联系。师范生需通过观察、学习、记录优秀教师的教学经验，并将其作为教育实习的方法，促进教育实习的可行性开展。通过前期的教育见习，师范生对教育现场建立了直观感受，但要想能相对独立地组织与实施教学管理工作，则需要经过教育实习的磨炼，同时也为教育研习问题的产生提供了源泉。

教育研习旨在促进师范生教学研究能力与反思能力的初步形成和发展，研究问题来源于实践，最终也回到实践。教育见习和实习则为教育研习提供了解决“真问题”的绝佳场所，教育研习中对问题的解决方案也要回归到教育见习和实习中进行验证。师范生的实践技能不是一蹴而就的，需要在教学中经历观察、参与和实践的过程来培养和提升。纵向联结，即从时间维度上实现前后衔接。各实践教学方式并非独立发挥其价值，而是要基于师范生的专业学习进度合理安排各种方式的实现形式，从而起到整体效益大于部分的效果。

因此，除了在内容上构建联系外，时间维度上也要体现全程性、一贯性、渐进性的特点，要循序渐进地推进一系列的实践环节。

如大学一年级主要进行校内的技能训练，夯实基本的说、写、唱、跳、画等技能基础；大学二年级随着专业基础课程的开展，一方面进行课内实践，如案例教学、模拟授课，另一方面进入中小学、幼儿园进行短期的教育见习，以观摩为主，主要熟悉与课程相关的实践领域；大学三年级，随着专业课的深入学习，师范生需要更多的实践锻炼机会，因此可开展连续性教育见习与阶段性教育实习，安排专业导师全程指导；大学四年级则以师范生自主实习为主，师范生可结合自己的就业方向选择适宜的学校进行实习；在寒暑假期间，师范生可根据自己的专业特长和兴趣方向开展社会实践，如为留守儿童提供学业帮扶，增强自身的社会责任感。

可以看出，各实践方式的难度、时长以及对师范生能力的要求都在逐步提升，最终进入真正的实战演练阶段。

第三节　构建师范生教学能力及专业素养培育质量评价体系

一、师范生教学能力及专业素养培育质量评价体系构建原则

（一）系统性原则

构建评价体系，要综合纳入师范生的素质和能力。师范生需要系统学习教育理论知识，并将其综合运用于教育教学实践中，这就对师范生的素质和能力提出了要求。为此，高校教师应该系统设计评价指标，构建全过程的评价环节，综合考量师范生的能力素质。

（二）科学性原则

评价指标应该具有实际可考性，即指标的确定应该反映师范生的知识能力素养并融入高校师范专业学生的培养理念。评价指标应该具备独立客观的特点，其确立应该突出评价内容的科学性与公正性。

（三）岗位导向原则

师范教育专业旨在培养师范生的实践教学能力，即师范生应该能够通过系统学习教育理论知识，在教育教学实习中理解并掌握教师教学的核心要义，能够确立对承担教师职责的信心。因此，评价指标要综合反映师范生的岗位适应能力。

（四）持续创新原则

随着教育教学的不断发展，教育事业对教师的职业能力要求也越来越严格。因此，师范生评价指标也应该实时完善推进。评价指标能够作为师范生在教育教学实践中的行为规范，帮助师范生树立正确的教育教学观念，这就要求评价指标应该及时纳入新的依据，确立评价指标的过程性理念、原则，完善评价指标体系。

二、师范生教学能力及专业素养培育质量评价体系构建的注意事项

（一）需要关注专业建设情况

高校应该明确师范专业课程设置，尤其是师范类高校，更应该对师范专业做出系统布局，科学规划师范专业的学科教学内容、课程设置、课时安排等，完善师范教育体系，突出师范教育理论与实践相结合的特点，为师范生实习及完成教师角色的转变打下坚实基础。

（二）需要关注师资队伍建设

师范教育质量需要以师资为支撑，优秀的师资团队和强大的师资队伍，是师范教育质量的保障。高校师范专业的教师应该积极践行教师职业素养，传达优秀的、符合教学实际开展的教学观，这就是为什么将师资队伍纳入评价指标的原因。

（三）需要关注教学管理状况

师范生课堂学习情况会影响日后的教育实习水平，如果高校师范专业教师放松对师范生的课堂管理，就会导致师范生教育实习质量降低。故评价指标要确立对师范专业教师的要求程度，加强对师范专业教师课堂教学计划、教学进度等内容的管理。

三、师范生教学能力及专业素养培育质量评价体系构成要素

（一）评价主体

现代教育教学质量的改善，推动了评价主体的多元化发展。传统的评价主体，以高校教学管理部门考评为主，教师教学评价为辅，学生则是评价的对象，评价

指标建立在学生对理论知识的掌握程度上。对师范专业的学生来说，学习教学理论知识只是前提基础，认真完成教学实践才是最终目的。为此，应该改变传统的单一评价体系，向着多元评价体系建构。

新时代背景下，培养一名具有教学能力及专业素养的师范生的过程包括多种多样的教学环节，如课程教学和实践等，师范生的教育实习水平成为评价指标的关键。师范生既是高校师范专业重点培育的对象，又是社会中小学校园关注的重点。随着教育教学体系的发展，各中小学教育主管部门越来越重视对师范生的评价，这些主管部门会参考师范生在高校的学习情况，以及在校园实习任教的情况。中小学教育主管部门会认真听取带队教师的意见，考察师范生在实习任教时的教学质量，还会定期开展师范生教师评比，分为学生评比以及班级带队教师评比两种，由此系统性地总结师范生实习任教的水平。除此之外，中小学教育主管部门会根据对应的评比情况，对师范生实习任教做出岗位升任能力的判断，根据评价指标综合选取教学质量优秀、教师素养水平高的师范生，这一评价指标，能够促进师范生在实习任教时形成正确的态度和良好的素养，推动自身能力的发展。

（二）评价对象与评价指标

1. 培养基本条件评价

培养师范生应当明确培养的基本条件，包括以何种目标培养师范生，具体的培养流程和环节都有哪些，以及可供选择的实习学校有多少等。

在实验实训设备及场地条件方面，评价指标应考虑培养院校的实验、实训室的建设是否满足培养的需要，师范生实习数量应该与合作实习的学校要求相匹配，并且能够用于指导学校主干学科与文理学科的教学。师范生应该具备相应的素养要求，即能够指导学生自主学习，帮助学生培养非学科专业兴趣，满足素质教育的要求。师范生教育实习质量的依据，就是对学生专业理论素养的提升情况，以及学生良好的课堂素养能力情况，师范生教育实习质量关乎实习所在学校的教育质量。评价指标应该将师范生实习的能力纳入进来。此外，合作实习校园需要提供对应的学科岗位，用于师范生教育实习，并且为师范生教育实习提供优秀的带队指导教师，用于指导师范生的教育实习能力建设。

2. 培养过程的质量评价

师范生需要以学科理论为指导，以实践教学为动力。高校师范专业应该完善课程设置，布局结构清晰的教学体系，将学科理论与实践教学系统衔接起来，及时巩固师范生的理论学习成果。因此，培养过程的质量评价重在考核师范专业课程体系建设，高校师范专业教师与管理者需及时调整课程教学方向与内容，根据教学需要设置教学课程。具体来看，根据评价指标设置课程教学体系，应综合考虑师范生的学科素养与能力水平，按照层层递进的思路，合理设计课程教学计划，系统布局课程教学环节，将理论知识的传输与过程性实践衔接起来，增强师范生的理论实践教学应用能力，培养师范生对教育见习、教育实习与教育研习全过程的理解能力，要把师范生教育实习作为评价指标的重点，在教育实习中增进师范生对理论转化的能力，形成良好的理论专业素养。

3. 输出结果的质量评价

评价指标需要反映师范生全过程的结果。所谓的全过程结果，是指师范生对教育教学理论学习的理解程度、对教育教学实践过程的导向认知、对合作实习学校选用情况的考察等。全过程结果输出的是师范生的“个人成绩”，是学科指导教师与合作实习学校对师范生个人做出的评价，评价指标包括师范生学科理论成绩、教育实习能力、教师职业素养，评价人要将这些结果反馈给带队教师及师范生个人。

（三）评价方法

评价师范生的指标需要具备合理性，合理性源自评价方法的综合性。也就是说，评价指标不应该过于单一，而是要立足全过程，以多元化的视角考察师范生的个人能力。因此，在采用综合评价方法时，要首先确定选取的评价指标，明确评价指标的评价依据；其次根据层次分析等方法确定权重系数，根据权重系数来完善评价指标体系，优化评价方法。合理的权重分配是对评价指标体系进行综合评价的关键，因此，评价指标权重的确定直接影响到综合评价结果。

通过以上的分析，可以整合出师范生专业能力培养的质量评价体系构成要素图，如图 5-3-1 所示。

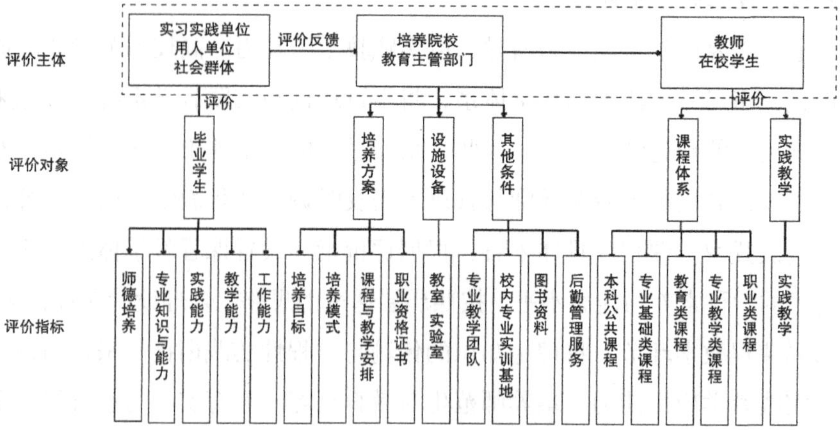

图 5-3-1　师范生培育质量评价要素图

从实践角度来看，师范生的理论笔试成绩仅是反映其理论掌握程度的指标。由于评价指标考察的关键是个人实践能力，故高校需要在师范生教育实习过程中考察其专业素养。此外，高校还可以通过举办校园实践大赛的方式，观察师范生在模拟教学过程中的表现，包括在赛前模拟教学的准备情况，由模拟教学比赛来评比师范生的专业素养指标。

参考文献

[1] 陈远峰. 新时代高校校园文化对师范生培育的实践路径 [J]. 宁波教育学院学报，2021，23（06）：89-91.

[2] 何李来. 建构主义视角下师范生教学能力的基本构成 [J]. 安康学院学报，2021，33（06）：59-63.

[3] 屠家宝. 师范生师德培育的具身化嬗变 [J]. 昭通学院学报，2021，43（05）：93-96.

[4] 李佳妮. "互联网 +" 时代高职师范生信息技术素养培养方法探究 [J]. 电子质量，2021（10）：112-115.

[5] 韩雪婷，鞠鑫，芦颖. 新需求下师范生教学能力构成要素研究 [J]. 江苏科技信息，2021，38（31）：56-59.

[6] 吴国萍. 师范生师德评价初探 [J]. 公关世界，2021（18）：151-152.

[7] 马晓倩，唐爱民. 师范生的教育实习与师德素养的生成 [J]. 河北大学成人教育学院学报，2021，23（03）：117-124.

[8] 夏力. 突出终身发展的师范生核心素养培育探究 [J]. 教师教育论坛，2021，34（09）：4-8+73.

[9] 胡劲松，邓素怡. 师范生能力素养及其培养路径 [J]. 北京教育（高教），2021（09）：20-25.

[10] 莫照发. 实践取向的师范生教育教学能力培育路径探究 [J]. 湖南第一师范学院学报，2021，21（04）：72-77.

[11] 韩典荣，王高，李佶莲. 新时代师范生核心素养课程体系建设研究 [J]. 江苏第二师范学院学报，2021，37（03）：45-50+124.

[12] 武月红，赵璇，卢玲. 核心素养背景下师范生教学能力的培养 [J]. 黑龙江科学，2021，12（09）：122-123.

[13] 白洋. 新时代师范生师德教育问题与对策 [J]. 河北能源职业技术学院学报，

2021，21（01）：28-32.

[14] 张凌洋，谢欧. 论新时代师范生的师德培养 [J]. 教师教育学报,2020,7(06):16-21.

[15] 王晓芳. 高等师范院校师范生教学实践能力研究述评 [J]. 浙江工商职业技术学院学报，2020，19（03）：44-49.

[16] 常珊珊，沈慧玲，李怡哲，等. 我国师范生核心素养体系的构建研究 [J]. 内蒙古师范大学学报（教育科学版），2020，33（04）：10-16.

[17] 顾莉. 师范生教学研究能力培养机制探究 [J]. 高教论坛，2020（05）：111-114.

[18] 张琪. 师范生信息化教学能力提升策略研究 [J]. 电脑知识与技术，2019，15（31）：117-118+137.

[19] 马媛，吴娟. 师范生教学能力训练策略研究 [J]. 淮南职业技术学院学报，2019，19（05）：68-70.

[20] 黎静芳，占晓军. "学会教学"目标导向下师范生教学能力培养的实践探究 [J]. 湖北科技学院学报，2019，39（04）：140-143.

[21] 金乃茹，杨振宇. 高校师范生教学实践能力的培养策略 [J]. 佳木斯大学社会科学学报，2019，37（04）：177-179.

[22] 刘雨. 师范生最需要什么素养——基于三个专业标准的视角 [J]. 河南科技学院学报，2019，39（04）：52-55.

[23] 梁顺意，谭细龙. 略论师范生教学能力训练的方法与途径 [J]. 湖北第二师范学院学报，2019，36（01）：86-90.

[24] 孟燕平. 试论师范生专业核心素养的内涵及提升策略 [J]. 中国人民大学教育学刊，2018（02）：143-152.

[25] 李晓萌，苏先锋. 浅析新形势下师范生专业素养的培养 [J]. 教育教学论坛，2018（02）：111-112.

[26] 郝德贤. 基于教师专业标准的师范生专业素养研究现状与趋势评析 [J]. 西北成人教育学院学报，2015（04）：38-41.

[27] 徐继英. 高校师范生专业素养提升的环境要素分析 [J]. 农业网络信息，2015（06）：149-151.

[28] 郭英. “师范生教学能力训练”课程建设的实践与思考 [J]. 教育与教学研究，2012，26（06）：15-18.

[29] 田春艳. 现代教育视角下师范生教学能力培养的策略研究 [J]. 继续教育研究，2009（09）：142-143.

[30] 顾玉兰，任明崇. 构建教育教学实践体系 加速师范生教学能力成长 [J]. 成都大学学报（教育科学版），2009，23（02）：28-30.

[illegible]

[illegible]

[illegible]